浙江省社科规划项目"之江青年课题"（13ZJQN099YB）
国家自然科学基金青年项目（71302150）

制度环境对企业社会责任的影响

沈奇泰松 著

浙江省之江青年社科学者文库系列丛书

中国社会科学出版社

图书在版编目(CIP)数据

制度环境对企业社会责任的影响 / 沈奇泰松著. —北京：中国社会科学出版社，2016.9

(之江青年文库)

ISBN 978-7-5161-8990-0

Ⅰ.①制… Ⅱ.①沈… Ⅲ.①企业制度-影响-企业责任-社会责任-研究-中国 Ⅳ.①F279.2

中国版本图书馆 CIP 数据核字(2016)第 226065 号

出 版 人	赵剑英
责任编辑	宫京蕾
特约编辑	大 乔
责任校对	秦 婵
责任印制	何 艳

出　　版	中国社会科学出版社
社　　址	北京鼓楼西大街甲 158 号
邮　　编	100720
网　　址	http://www.csspw.cn
发 行 部	010-84083685
门 市 部	010-84029450
经　　销	新华书店及其他书店
印刷装订	北京市兴怀印刷厂
版　　次	2016 年 9 月第 1 版
印　　次	2016 年 9 月第 1 次印刷
开　　本	710×1000　1/16
印　　张	12
插　　页	2
字　　数	197 千字
定　　价	46.00 元

凡购买中国社会科学出版社图书，如有质量问题请与本社营销中心联系调换
电话：010-84083683
版权所有　侵权必究

序　　言

　　改革开放三十多年以来，中国在取得巨大经济成就的同时也凸显了"用工歧视、环境污染、质量低劣、缺乏信誉、逃税和贿赂"等社会责任问题。但也有许多企业开始将公司和社会均衡发展确立为自身的发展战略，并注意平衡各方利益、逐步改善和提高公司的社会绩效。在企业社会绩效与企业经济绩效存在目标冲突的背景下，对企业社会绩效影响因素和驱动机制的研究一直是理论界关注的重点。目前战略管理学界主要从企业竞争优势和资源基础观视角对"企业社会绩效与企业财务绩效"的内在关系进行了深入探索，但经过三十年的实证检验，上述问题的研究结论不但没有获得统一，反而显得更加复杂。此外，战略管理学界对于"企业如何面对社会议题、如何进行战略反应"等企业社会责任研究中的核心问题，也缺乏深入的探究。

　　本书基于组织社会学的新制度主义研究范式，以组织合法性需求为切入点，试图发掘制度压力对企业社会战略反应和企业社会绩效的内在影响机制和企业社会战略反应的中介机制，并将基于组织身份和组织文化相关研究，探索不同组织文化导向对以上作用机制的调节作用。具体来看，本书将围绕以下几个问题进行深入研究：（1）企业履行社会责任是不是广泛存在组织合法性的动机，哪些外部制度压力对企业社会绩效有显著影响；（2）企业在受到外部制度压力时会形成怎样的战略反应，其内在反应过程是什么，制度压力影响企业社会战略反应的作用机理是怎样的；（3）企业社会战略反应对企业社会绩效的影响程度如何，它在制度压力与社会绩效之间充当了什么样的角色；（4）外部制度压力对企业社会绩效的影响机制在不同的企业中有区别吗？组织文化导向是否会对上述作用机制产生影响。

　　本书首先通过五家不同行业的企业进行了探索性案例研究，应用案例数据、理论阐述和模型构建三者相互印证的分析思路，探究了企业感知的制度压力、企业社会战略反应和企业社会绩效之间的逻辑关系，提出了外部制度环境对企业社会战略反应和社会绩效都将产生正向影响，而社会战略反应也会正向影响企业社会绩效的理论命题，从而初步论证了本书构思的合理性。其次，本书将企业社会责任管理和社会绩效的产生机制置于制度环境之中，基于新制度理论、战略规划理论以及组织文化导向的相关研究成果，通过文献展开和分层解析，对探索式案例得出的研究命题进行了更深入的理论诠释，一定程度上揭示了组织合法性视角下"制度压力—社会战略反应—社会绩效"以及"组织文化导向—制度压力与社会绩效关系"两种内在作用机理，构建了本书的理论模型。再次，本书详细报告了验证理论假设所需问卷的设计过程和主要内容，量表设计依据和测度指标来源，样本选择依据和问卷回收过程，以及主要研究方法，通过结构方程建模、层级回归分析等统计方法对220份有效问卷所获得的数据对15个研究假设进行了规范的实证检验。最后，本书对文章的主要结论和观点进行了进一步讨论和分析，归纳了本书的理论意义和管理启示，并在汇报本书不足的基础上提出进一步研究的方向。

通过上述研究工作，本书得出了以下结论：（1）企业感知的制度压力对企业的社会战略反应和企业社会绩效都有明显的正向驱动作用；（2）企业感知的制度压力可以分为规制、规范和认知三种类型，对企业社会战略反应和企业社会绩效的影响显著性和程度各有不同；（3）企业社会战略反应是影响企业社会绩效的重要内在能力，它在不同类型的制度压力和企业社会绩效中承担了不同性质的中介作用；（4）竞争文化导向在外部制度压力和企业社会绩效之间起到了正向调节作用。

总体来看，本书突破了企业社会绩效影响因素研究中一直努力探究却又无法定论的"企业经济绩效与企业社会绩效"旧有论证思路，实现了以下研究进展：（1）突破了资源基础观视角的研究范式和仅从企业内部出发的原子主义观点，在企业社会绩效与企业竞争优势无一致性结论的背景下提出新的企业社会责任驱动机制，具有一定的开拓性；（2）凸显了一直被企业社会责任研究者忽视的"企业社会战略反应"过程，从整合社会计划、激励员工参与和评估社会责任三个维度揭示了企业提高社会责任管理能力的内部过程；（3）系统构建并实证检验了"外部制度压力—社会战略反应—企业社会绩效"以及"不同文化导向——制度压力与社会绩效关系"两种分析模型，实现了制度和战略在社会责任影响因素中的融合分析，也为权变地分析外部环境和企业社会绩效的关系提供了相对新颖的研究思路。

目 录

第一章 绪论 …………………………………………………… (1)
  第一节 研究背景与问题提出 ………………………………… (1)
    一 研究背景 ……………………………………………… (1)
    二 问题提出 ……………………………………………… (6)
  第二节 关键概念分析与界定 ………………………………… (8)
    一 组织合法性 …………………………………………… (8)
    二 制度压力 ……………………………………………… (9)
    三 企业社会战略反应 …………………………………… (10)
    四 企业社会绩效 ………………………………………… (10)
  第三节 研究内容和架构安排 ………………………………… (11)
  第四节 研究特点说明 ………………………………………… (12)

第二章 文献综述与理论整合 …………………………………… (16)
  第一节 企业社会责任研究的先驱者 ………………………… (17)
  第二节 企业社会责任研究演化脉络概述 …………………… (19)
    一 在利益与道德之间：两大理论视角的对峙 ………… (22)
    二 制度背景与企业社会责任：文化—认知观的兴起 … (27)
  第三节 企业社会绩效：从理论争议到概念测量 …………… (35)
  第四节 制度基础观及其内在逻辑 …………………………… (42)
    一 合法性及其作用机制 ………………………………… (42)
    二 制度回应学说 ………………………………………… (44)
    三 小结 …………………………………………………… (46)
  第五节 利益、规范与认知：基于制度基础观的跨层次分析
       框架 ………………………………………………… (47)

第三章 制度压力影响企业社会绩效的探索式案例研究 ……… (54)
  第一节 案例研究方法概述 …………………………………… (54)
    一 案例研究的原理和思路 ……………………………… (54)

二　案例研究的分类与步骤 ……………………………………(56)
第二节　案例探索的理论背景 ………………………………………(57)
第三节　案例设计方法论 ……………………………………………(59)
　　一　案例选择 …………………………………………………(59)
　　二　数据搜集 …………………………………………………(60)
　　三　分析方法 …………………………………………………(61)
第四节　案例公司简介 ………………………………………………(62)
　　一　HSG旅游公司简介 ………………………………………(63)
　　二　ZM通信公司简介 …………………………………………(63)
　　三　MSP制造公司简介 ………………………………………(63)
　　四　CIB金融公司简介 …………………………………………(63)
　　五　CPL制造公司简介 …………………………………………(64)
第五节　数据分析 ……………………………………………………(64)
　　一　制度压力 …………………………………………………(64)
　　二　企业社会战略反应 ………………………………………(64)
　　三　企业社会绩效 ……………………………………………(65)
　　四　案例数据信息评估汇总 …………………………………(65)
第六节　进一步讨论与初始假设命题提出 …………………………(65)
　　一　制度压力与企业社会战略反应 …………………………(70)
　　二　企业社会战略反应与企业社会绩效 ……………………(71)
　　三　制度压力与企业社会绩效 ………………………………(72)
第七节　本章小结 ……………………………………………………(73)

第四章　制度压力与企业社会绩效：内在机理与理论模型 ………(74)
第一节　制度的约束、组织合法性追求与企业社会责任 …………(74)
　　一　制度理论的基本逻辑 ……………………………………(74)
　　二　制度环境对企业行为的影响 ……………………………(78)
　　三　企业社会责任：制度与战略的融合 ……………………(80)
第二节　制度压力与企业社会战略反应 ……………………………(82)
　　一　规制压力与企业社会战略反应 …………………………(83)
　　二　规范压力与企业社会战略反应 …………………………(85)
　　三　认知压力与企业社会战略反应 …………………………(87)
第三节　制度压力与企业社会绩效 …………………………………(89)

第四节　企业社会战略反应与企业社会绩效 …………………（91）
　　第五节　企业社会战略反应的中介作用 ……………………（93）
　　第六节　组织文化导向的调节影响 …………………………（94）
　　第七节　本章小结 ……………………………………………（97）
第五章　研究方法 …………………………………………………（99）
　　第一节　问卷设计 ……………………………………………（99）
　　　一　问卷方法及问卷的主要内容 …………………………（99）
　　　二　问卷的设计过程 ……………………………………（100）
　　第二节　变量设计与测度指标 ………………………………（101）
　　　一　被解释变量 …………………………………………（102）
　　　二　解释变量 ……………………………………………（103）
　　　三　中介变量 ……………………………………………（104）
　　　四　调节变量 ……………………………………………（105）
　　　五　控制变量 ……………………………………………（106）
　　第三节　数据收集与有效性控制 ……………………………（106）
　　　一　样本与调研对象选择 ………………………………（106）
　　　二　问卷发放与回收 ……………………………………（107）
　　第四节　数据分析方法描述 …………………………………（109）
　　　一　描述性统计分析 ……………………………………（109）
　　　二　信度与效度检验方法 ………………………………（109）
　　　三　相关分析与层级回归分析 …………………………（110）
　　　四　结构方程模型分析 …………………………………（110）
第六章　制度压力对企业社会绩效的实证分析 …………………（111）
　　第一节　描述性统计分析 ……………………………………（111）
　　第二节　效度和信度检验 ……………………………………（116）
　　　一　量表的效度检验 ……………………………………（116）
　　　二　量表的信度检验 ……………………………………（120）
　　第三节　Pearson 相关分析 …………………………………（120）
　　第四节　构念间关系的结构方程模型分析 …………………（121）
　　　一　整体制度压力的全模型分析 ………………………（123）
　　　二　分维度制度压力的全模型检验 ……………………（128）
　　第五节　调节效应的检验 ……………………………………（135）

第六节　本章小结 …………………………………………（138）
第七章　结论与展望 ……………………………………………（140）
　　第一节　主要研究结论及进一步讨论 …………………………（140）
　　第二节　理论贡献与管理意义 …………………………………（145）
　　　一　研究的理论贡献 …………………………………………（145）
　　　二　研究的管理启示 …………………………………………（146）
　　第三节　研究不足与展望 ………………………………………（147）
参考文献 ……………………………………………………………（149）
附录一　探索式案例研究企业访谈提纲 …………………………（176）
附录二　企业社会责任建设和企业外部制度环境调查问卷 ………（178）
后　　记 ……………………………………………………………（183）

第一章

绪 论

第一节 研究背景与问题提出

一 研究背景

改革开放以来,我国企业逐渐脱离了封闭的经营模式,与社会环境发生了强烈的互动。特别是在追求利润最大化过程中造成的用工歧视、环境污染、质量低劣、缺乏信誉、逃税和贿赂等新问题,使企业与社会之间出现了持续不断的紧张关系。英国皇家国际事务协会专门负责企业社会责任(Corporate Social Responsibility, CSR)的理事史蒂芬·蒂姆斯(Stephen Timms)爵士就警告说:"为了我们自己和下一代的长远发展,经济成就的取得不能以牺牲环境为代价。"(阿奎莱拉 Aguilera,2007)已故管理学大师彼得·德鲁克也提醒道:"一个健康的企业和一个病态的社会很难共存,社会之所以进入病态,企业负有不可推卸的责任;如果企业仅追求自身利润的最大化,必然会导致企业利益和社会利益分配的不平衡。"(德鲁克,1987)在此背景下,市场和公众判断一个企业是否成功的标准不再以企业短期投资收益和经营利润为绝对导向,包括经济、道德、伦理、慈善等丰富内涵的企业社会责任理念越来越成为政府、企业和学者关注和讨论的热点话题。

(一)现实背景

综合来看,本书选题主要源自作者对以下现实情景的观察和思考。

1. 经济社会转轨时期,我国企业社会责任问题突出

改革开放三十多年来,中国成功实现了从高度集中的计划经济到充满活力的社会主义市场经济的历史转折,从1978年到2007年,我国国内生产总值由3645亿元增长到24.95万亿元,年均实际增长9.8%,是同期世

界经济年均增长率的3倍多；经济总量上升为世界第四，主要农产品和工业品产量已居世界第一（胡锦涛，2008）。但与此同时，我国经济和社会转轨时期的社会问题也相当突出：一方面，中国上百年的"落后"在无形中导致了整个社会对于尽快获得更多财富的渴望，部分企业认为"天下熙熙，皆为利来；天下攘攘，皆为利往"的"古训"天经地义、无可争议；另一方面，当前我国市场经济发展过程中普遍存在法制不完善、法律操作性不强、政府监督能力不足、商业秩序尚未健全等现实问题。相应地，我国企业在推动市场经济发展的同时，常常被短期的经济利益所吸引，出现了唯利是图、只顾经济责任不讲社会责任的倾向；甚至见利忘义，造成了许多忽视甚至牺牲公众利益的行为。仅近年来，为媒体和公众广为关注的企业社会责任缺失事件就层出不穷：例如2008年被曝光的"三鹿"等奶粉企业三聚氰胺有机化工原料严重超标事件、2004年爆出的安徽阜阳"毒奶粉"事件、2007年曝光的联合利华（中国）有限公司废水COD超标排放事件、2005年爆出的肯德基"苏丹红"事件、2008年爆出的IBM公司劳动用工歧视事件、2008年曝光的刺五加药品污染问题、部分地区房地产企业偷税漏税问题以及屡查不止的非法开采矿山和企业拖欠职工工资问题，等等。以上这些问题都凸显了转型时期中国企业社会责任问题的重要性和紧迫性。

2. 各利益相关者对企业社会责任期望不断提高

首先，近年来，包括政府、媒体、学者、行业协会、消费者以及企业自身在内的众多利益相关者逐渐认识到，企业的任务不仅仅是产生利润；企业内嵌于社会之中，社会对企业具有一种"约束力的关系"。例如，温家宝同志曾在不同场合多次提出了企业的社会诚信和责任感问题。他表示一个企业家身上应该流着道德的血液；只有把看得见的企业技术、产品和管理，以及背后引导他们并受他们影响的理念、道德和责任两者加在一起，才能构成经济和企业的DNA（温家宝，2008）。其次，许多地方政府也越来越关注到企业社会责任与地方经济的持续发展、社会的和谐互动以及人民生活的安定幸福有着紧密的联系，纷纷出台了鼓励与引导企业履行社会责任的一系列政策。例如，浙江省政府召开了"推动企业积极履行社会责任工作座谈会"、上海市浦东新区和部分行业协会联合发布了"浦东新区企业社会责任导则"、深圳市人民政府颁布了《关于进一步推进企业履行社会责任的意见》。再次，从消费者的诉求和媒体的参与来看，近年来频繁曝光的企业质量和服务问题激发了公众希望企业彻底改变"唯利是图"形象的强烈愿望，《南方周末》《公益时报》《人民网》等国内著名媒体更是连续数年对企业社会责任和企业慈善行为进行了深度分析或评估。最后，从颇具影响力的"社会责任生产守则SA8000"、"2008博鳌论坛的CSR专题"以及非营利组织在关注社会福利、推动企业社会责任的活动中我们也不难发现，企业社会责任已经得到了国际社会的普遍推崇和认可。

3. 环境和社会均衡发展逐渐成为企业的战略选择

作者在对社会责任履行较突出或具有典型特征的企业调研后发现，现实中的企业社会责任已不是偶发性地点缀于公司经营中，而是逐渐被渗透到企业的社会定位、利益相关者分析、社会性预算安排、绩效考核等战略行动中，这也和学者提出的企业的社会责任履行应该与企业的使命、战略和产品特征结合起来（波特Porter，2006；许止良，2008）的理念相一致。例如在2008年四川汶川大地震发生后，国内企业纷纷行动，成为抗震救灾最重要的资金、人员和技术来源之一。中国联通公司将社会价值导入企业经营战略中，既履行了企业社区责任、提高了所在地区的农民收入，也实现了网络资源的有效利用（吴结兵等，2008）。此外，作者发现，近5年来有越来越多的企业开始以全球报告倡议组织GRI可持续发展报告为指导，发布了企业社会责任报告，详细披露了他们在社会责任履行中的目标、理念、规划、策略、过程和内容。其中，中国移动公司还成为中国大陆首家入选道·琼斯可持续发展指数的企业。从上述分析可以看出，与社会协调发展已逐渐成为企业的战略选择，企业经营者在创造更多价值的同时，开始持续改进和平衡各方利益，并与政府、公众与非营利性机构一起努力构筑健康和谐的社会环境。

（二）理论背景

本选题不仅具有特定的现实背景，在理论中也有其重要渊源。

1. 利益相关者理论对传统企业理论的修正与超越

传统的企业理论认为企业的唯一责任就是利润最大化，著名经济学家弗里德曼是持该观点的典型代表。他认为企业的最大任务是在现有市场条件和生产技术下尽可能地创造利润（弗莱德曼Friedman，1978），任何将管理者的注意力从投资者转移到其他地方的行为是对股东信任的侵害，将损害股东的利益（弗莱德曼，1970）。因此，弗里德曼早期拒绝承认企业在遵守法律、创造利润之外还有其他社会义务。他认为企业社会责任会增加企业的无谓成本，而这些成本要么转嫁给了消费者，要么减少了股东利润。但自20世纪60年代美国斯坦福大学一家研究所首次提出利益相关者概念以来，特别是弗里曼（Freeman）教授1984年出版《战略管理—利益相关者方法》一书以来，利益相关者理论在主流企业利润的质疑中逐渐发展起来，其概念框架、核心理念和研究方法不断发展，受到了学术界和企业管理者的广泛关注和认同。与传统的股东至上主义不同的是，利益相关者理论认为任何一个公司的发展都离不开各种利益相关者的投入或参与，企业追求的是所有利益相关者的整体利益，而不仅仅是某个主体的利益（陈宏辉，2003）。这些利益相关者包括公司所有者、政府、供应商、社区、雇员、消费者等等。利益相关者理论在修正传统企业理论中提出，公司不仅要关注经济绩效，更应回应众多利益相关者的要求，在实现股东利益最大化的同时，关注社区福利、注意环境保护、考虑员工与消费者利益，积极参与慈善公益事业，成为一名企业公民。作者认为，这种修正既可以追溯到古典经济理论《国富论》和《道德情操论》并举的理论缘起，也可以在当代中国"科学发展观"的思路中得到诠释。

2. 关于企业社会绩效与企业经济绩效关系的研究结论仍待论证

尽管企业社会责任已经成为国内外学术界的研究热点，但企业履行社会责任的动力机制和行动条件一直是学术界尚未厘清存在争议的问题。以往国内外学者将企业社会责任的动机研究聚焦于社会责任承担对企业竞争优势的作用机制上，重点探讨了企业社会绩效对企业经济绩效的影响。例如，有的研究者发现企业社会绩效可以通过企业声誉（佛姆布兰和斯坦利 Fombrun & Shanley，1990）、消费者忠诚度（金立印，2006；周延风，2007）、员工满意度（特尔本 Turban，1996）等中介效应影响企业的经济绩效，为企业带来竞争优势。但以上对于企业改善社会绩效的经济理性解释受到了严峻挑战，相关研究结论也较为复杂。例如，莱特和费里斯（Wright and Ferris，1997）发现企业社会绩效和财务绩效是一个负向的关系，提欧（Teoh，1999）等学者认为这两者之间并没有任何相关关系。可以发现，不同学者基于不同国家、不同时期以及不同行业和规模所收集的样本数据，采用不同的统计方法所得到的结果各不相同，从正相关、负相关、不相关到倒"U"形关系，不一而足。企业社会责任与企业经济绩效的关系悖论迫切需要研究者从新的视角来理解企业社会责任动力机制。

3. 制度理论在战略管理研究中的地位越发凸显

近年来，制度化和制度分析越来越受到社会科学研究者的关注和重视（迪马吉奥和鲍威尔 DiMaggio & Powell，1983；诺斯 North，1990；斯科特 Scott，1995），战略管理学者当然也不例外（奥利弗 Oliver，1991；彭和希恩 Peng & Heath，1996；彭，2008）。研究者注意到制度环境不仅仅是组织的背景条件，还直接决定了公司战略的方向。例如（埃姆伯吉和拉奥 Amburgey and Rao，1996）认为，组织理论中最具主流地位的有四大学派，分别是交易成本理论、资源依赖理论、组织生态学和制度理论，而制度理论开始成为聚合的焦点（陈惠芳，1998）。因此，已经有许多学者开始将制度变量从调节变量或控制变量转为自变量加以研究①。

斯科特和彭等学者都指出，制度分析涉及政治学、经济学以及社会学等多个学科，例如以诺斯和威廉姆森为代表的经济学家和以斯科特为代表的社会学家（彭，2009）。不同的学科基于各自的研究需要和理论基础都对制度主义和制度分析有各自的定义、研究范式和应用范围（郭毅等，2007），但同时许多学者也承认，目前企业战略管理学者使用的制度主义分析主要还是来自组织社会学（郭毅等，2009；陈慧芳，1998；吕源，2009）。本文所探讨的制度理论，也将主要从组织社会学的新制度主义视角对企业社会责任的影响因素进行分析。该制度学派的核心思想是"组织深深地嵌入社会与政治环境之中，组织的结构和实践通常是反映了或回应于比组织更大的社会存在的规则、信念和惯例"（鲍威尔和迪马吉奥，2008）。因此，该学派认为应该超越单个企业的利益约束，从场域（field）层次的认知、规范、管制等社会制度压力来看待企业的 CSR 行动，企业参与 CSR 依赖于制度压力与组织间的互动，以获得企业合法性为目标。

正如著名制度理论学者香港中文大学的吕源教授在《战略管理》杂志第一期杂志上所说的，以制度理论为基础的企业战略研究仍处于初级阶段，还有很大的潜力可挖。特别是企业社会责任研究主题，开始被各种制

---

① 特别是在1991年鲍威尔与迪马吉奥编辑出版了《组织分析的新制度主义》论文集，2000年《美国管理学会杂志》（AMJ）首次将制度理论与资源基础观相提并论，以及2005年《管理研究杂志》（JMS）"新兴经济下的战略研究"特刊的出版之后，制度理论成了企业战略管理研究不可或缺的基础理论之一，也被彭（2006）称为战略管理的三大支柱之一（另两大支柱分别是"产业基础竞争理论"和"企业特殊资源和能力"）。彭也就此提出了战略中的制度基础观（Institution-based View）（彭，2009）。

度理论研究者所关注并呼吁加以研究（彭，2009）。

二 问题提出

如上述研究背景所述，目前国内企业社会责任问题正处于一个呼吁和争议同在、不足和希望共存的十字路口。哪些因素对企业社会责任的履行起到了关键作用，如何推动企业履行社会责任，企业在资源有限、竞争激烈的前提下，将如何制定社会政策、如何实施社会战略行动等问题已经成为包括政府、非营利组织、公众和企业自身在内的各利益相关者极为关注的议题。

尽管国内外许多学者从资源基础观或善因营销等理论入手，试图证明企业履行社会绩效有助于提高企业经济绩效的假设，但经过20余年的实证研究，研究结论并未达到统一，与企业社会行动的现实动机也有较大差距，因此迫切需要研究者从崭新的视角对企业社会绩效的影响机制进行重新思考。而迈耶（Meyer）、罗恩（Rowan）、迪马吉奥、斯科特、朱克（Zucker）和彭等学者的制度理论基础以及其后该领域中逐步推进的实证分析，将制度存在、制度同构、集体理性和制度影响做了完善和扩展，逐渐明确了组织场域的合法化、制度压力与组织行为的内在作用机制，从而为企业社会责任从组织合法性和战略管理的制度基础观视角出发进行研究奠定了坚实的基础。此外，企业社会战略反应某种程度上直接决定了企业社会绩效的高低，它处于"环境—反应—绩效"的中间环节；但目前学术界对企业社会责任问题讨论较多的仍是"企业是否应该履行社会责任"、"企业经济绩效或者企业规模是否影响企业社会绩效"以及"企业社会绩效对企业声誉的影响"，却少有研究关注企业社会责任行动的本身，即从战略规划和设计的角度来考虑企业究竟是如何理解、准备、实施以及评估企业社会责任行动等问题。因此，企业社会战略反应内在构成维度，它受外部哪些因素的影响及其对企业社会绩效的影响关系仍然是未被揭开的"黑箱"。

本书认为，制度性压力是驱动商业公司履行企业公民义务的更重要原因，它将人或组织的行为更多地归结为合法性或认知方面的原因，而非功利主义的驱动。因此，针对上述问题，本书将挖掘企业与社会关系的组织合法性作用机制，尝试打开企业在制度压力下的战略反应过程这个"黑箱"，探究制度压力与企业社会战略反应等因素对企业社会绩效的影响关系，并力图基于组织身份和组织文化相关研究，探索不同组织文化导向对以上作用机制的调节作用，从而为企业的社会责任战略提供理论基础和操作标杆，并为推动我国企业公民建设、提高我国企业社会绩效提供政策建议和决策支持。具体来看，本书将围绕以下几个研究问题逐步深入探究。

（1）中国企业履行社会责任是不是广泛存在组织合法性的动机，哪些外部制度压力对企业社会绩效有显著的影响？在当前企业社会绩效影响因素的研究中，大部分学者从经济理性或资源基础观的视角来考察企业规模、企业冗余资源、企业财务绩效对企业社会绩效的影响程度，但上述关系却不能获得一致的、令人信服的结论（赫斯特德 Husted，2007；奥利茨基 Orlitzky，2003）。基于新制度理论对于组织合法性战略以及规制、规范和认知多维制度压力的理论探讨，本书将对企业社会绩效影响因素提出新的假设，并将结合探索式多案例研究和大样本实证统计进行系统分析。

（2）企业在受到外部制度压力时会形成怎样的社会战略反应，其内在反应过程与构成维度是什么，制度压力影响企业社会战略反应的作用机理是怎样的？学术界对于企业履行社会责任的研究重点已经从"是否应该"（Whether）转移到了"为什么"（Why）和"如何反应"（How）。如果说对于"为什么"（Why）这个选题已有相关研究涉及，那么对于"如何反应"（How）这个方面，国内还鲜有兼具学术价值和实践意义的研究进行重点探讨。根据战略管理"环境—战略—绩效"经典分析框架，本书将基于"企业社会战略反应"这一构念，厘清企业在外部制度压力作用下的战略管理过程和社会反应维度，并着重对各维度的制度压力对企业社会战略反应的内在作用机理进行深入探究。

（3）企业社会战略反应对企业社会绩效的影响程度如何，它在制度压力与社会绩效之间充当了什么样的角色？从内因与外因相结合的系统观点来看，企业社会绩效除受到外部制度压力影响外，还依赖于企业社会的战略性反应，即社会责任管理能力和反应状态的高低。例如，伍德（Wood，1991）企业社会绩效的"原则—过程—结果"整合框架就提醒我们，企业社会绩效水平既可能由不同的动机所推动，又会受到反应过程的影响；邦迪（Bondy，2009）等学者也提出了探索标准化企业社会责任战略行为的必要性。因此，本文还将视线从外部转移到组织内部，来揭示企业社会战略反应对企业社会绩效的影响程度，并由此提出社会战略反映在企业外部制度压力与企业社会绩效之间承担的角色。

（4）外部制度压力对企业社会绩效的影响机制在不同的企业中有区别吗？企业的竞争文化导向和人本主义文化导向是否会对上述作用机制产生影响？已有部分研究表明，企业的文化导向（比如竞争性文化和人本主义文化）对企业的战略行为和公司绩效会产生影响。更进一步地，从内部和外部的辩证思维出发，作者认为组织的文化导向还可能对外部制度压力和企业社会绩效的关系产生调节作用，即可能增强或削弱上述作用关系。因此，本文也将对上述问题进行深入探讨和实证检验，以提出更深入的企业社会绩效影响因素的内在机理。

总之，本书试图结合新制度理论、战略规划理论和利益相关者理论对企业社会绩效的制度性影响因素和社会战略反应等问题做一全新视角的探索研究（如图1-1所示），以期构建相对完整的基于组织合法性视角的制度压力与企业社会绩效关系的分析框架。

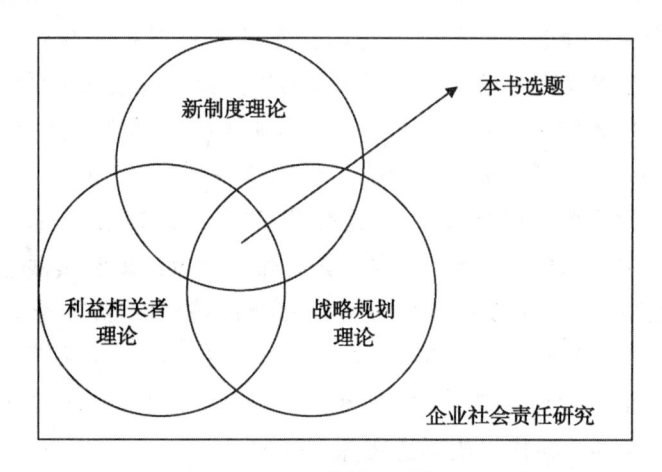

图1-1 本书的选题视角

第二节 关键概念分析与界定

一 组织合法性

合法性最早来源于政治学科，通常被用于对统治者、政府、体制以及权威的有效性分析中（田志龙、高海涛，2005）。例如韦伯（Weber）在讨论权威问题时曾提出了三种类型，即传统权威、感召性权威和合法性权威；哈贝马斯也曾经提出合法性对于国家的意义（赵孟营，2005）。随后合法性被引入组织分析并在组织社会学中得到了拓展，被认为是组织价值观与组织社会情境的一致性问题。许多学者指出，组织生存所需要的不仅仅是物质资源和技术信息，更重要的是社会的接受性和可依赖性（斯科特，2001）。也就是说，只有当组织的权威结构获得外部的承认和服从时才有合法性（赵孟营，2005）。

本书继承了萨其曼（Suchman，1995）综合制度学派、资源依赖学派和组织生态学派并被广为接受的定义，认为组织合法性是指"在规范、价值、信念和定义等社会结构的系统内，认为行动和个体是值得期待、合适或者恰当的一种普遍观念或假设"，而组织合法性水平提高的过程就是合法化。需要指出的是，本书基于组织社会学的新制度理论框架将组织合法性理解为组织感知的与法律、规则、社会规范或者文化认知相一致的需要，而并非资源依赖理论或社会交换理论认为的"合法性是一种资源类型"。因此本书分析的合法性并不是用来产出某种新产品的某种物质或技术投入，而是一种作为符号价值被组织外部环境所识别的形式（斯科特，2001）。

二　制度压力

本书将企业社会绩效的影响因素从"原子化"的单个行动者扩展到其外部环境，即考虑了组织场域的各种压力集对企业社会绩效的影响程度。因为根据新制度学派的观点，组织普遍受到了外部环境的社会规则、规范和心态的型塑（诺舒阿 Noshua Watson，2009）。这种促使企业的形态、结构或行为变得合理、可接受和易获得支持的社会观念、规则、规范或文化即是本书所称的制度压力，也被称作制度环境（姚 Yiu，2002；钱，2008）。值得注意的是，这种外部的制度条件对组织的影响既可能是有意识的法律强制机制，也可能是无意识地被社会看来是理所应当（Taken for Granted）的社会规范（霍夫曼 Hoffman，1997）；上述分类也类似于诺斯（1990）提出的正式制度与非正式制度。

本书在理论分析和实证检验时借鉴了斯科特（1995）基于不同逻辑机制和合法性基础所划分的三种制度压力源，即规制压力、规范压力和认知压力。其中规制压力主要是指政府的行政指令、约束要求或者法律法规的强制力；规范压力主要包括了价值观和准则，它类似于社会道德或规范的期待；而认知压力则表示一种被场域内的组织自然接受的样板或行动脚本，它可能带来的是模仿效果。

三　企业社会战略反应

正如组织合法性与制度压力的研究存在密切的联系一样，企业社会战略与制度理论也可以通过组织合法性整合到一起，互相补充。（萨其曼，1995）认为，组织合法性有两大视角，分别是战略视角和制度视角，前者强调合法性的可操作性、目的性和资源特征；后者关注合法性的文化和社会理念特征。（奥利弗，1991）也认为在制度环境中企业会有一个战略反应的过程，企业并不是仅仅被动地接受环境，在组织合法性驱动下，组织也会形成包括默认、妥协、避免、忽视和操纵等一系列战略反应。在战略规划理论的影响下，有研究者基于卡罗尔（Carroll，1979）提出的"企业社会回应是社会责任和社会议题背后的模式和战略"以及沃特克（Wartick，1985）理解的"企业社会回应是公司回应社会压力的一种能力以及引导管理者执行社会政策的有效概念"的思想，将企业社会责任理论中的企业社会反应（Corporate Social Response，CSR2）总结为企业社会战略或者议题战略管理。例如赫斯特德（2007）认为企业社会战略是超越紧急问题聚焦的社会议题参与意图，规划和定位在社会战略中尤其重要，它一般包括定义战略行动方案、社会项目资源投入、员工参与、社会行动对竞争的定位以及评估社会行动的影响等维度。而格林宁（Greening，1992）更早前就把社会议题管理与战略视角相联系，认为这是一种定位、分析与回应社会和政治议题的过程，并认为它对于回应来自外部环境（政府机构、公共利益组织、媒体和社会公众等）的利益诉求十分必要。

本书在赫思特德（2007）、格林宁（1992）和丹尼斯－丹尼斯（Deniz－Deniz，2002）的社会战略文献的基础上，继续发展伍德（1991）企业社会绩效框架中的社会回应维度，将企业社会战略反应定义为企业将社会需求与公司经营紧密结合，通过投入资源、制定策略、激励员工和评估绩效等方式，应对外部环境压力和利益相关者需求的过程和能力，并将企业社会战略反应归结为整合社会计划、激励员工参与和评估社会责任三个维度，以全面评估国内企业社会回应的战略结合度及其议题管理能力。

四　企业社会绩效

企业社会绩效是企业社会责任理论发展过程中一个极为重要的概念，

在社会责任理论和实证两个研究大类中各有发展，并在各自的研究中有着不同的应用层次和使用惯例，也有学者认为这是企业社会绩效的广义和狭义两个层面（郑海东，2007；沈洪涛，2005）。从理论方面来看，卡罗尔（1979）最先完整提出了企业社会绩效的理论框架，他把企业社会绩效分为三个层次，即"企业社会责任""社会问题管理"和"公司社会回应"，并认为"企业的社会责任应该可以衡量""企业面临的社会问题应该可以确认""社会回应的原则可以明确"。但卡罗尔并没有给出企业社会绩效的精确解释，直到1985年沃特克和科克伦（Wartick and Cochran，1985）才给出了企业社会绩效的明确定义。此后，伍德（1991）和斯旺森（Swanson，1995）又分别对企业社会绩效这个理论框架进行了重新修正，从而将企业社会绩效推向了企业社会责任相关研究的主流议题。

本书主要是从实证研究的角度来理解和应用企业社会绩效概念，也就是从伍德（1991）企业社会绩效（CSP）"原则—过程—结果"框架的第三方面，即狭义的社会绩效层面来理解和测量。这也与三十多年来企业社会绩效与企业财务绩效关系研究中对CSP这一概念的认识相一致。本书认为，企业社会绩效是企业社会责任履行结果的体现，是企业在制度压力影响下企业实施社会战略后的具体表现，可以从利益相关者的多维度进行评估。

第三节　研究内容和架构安排

本书将在研究回顾和文献综述的基础上，构建组织合法性需求视角下制度压力与企业社会绩效关系的整合性分析框架，通过多案例探索性分析与大样本实证调查等方法，系统梳理制度压力、组织社会战略反应、组织文化导向和企业社会绩效之间的内在机理和影响关系，从而在"企业财务绩效与企业社会绩效关系"未定论的背景下，提出新的企业社会绩效的形成机理。具体如图1-2的逻辑主线所示。

具体来看，本书主要内容如下。

首先，本书将选择五家不同行业和不同规模的典型企业，基于规范的案例研究方法，通过半结构化访谈、企业内部资料分析等方法，探索企业感知的制度性压力、企业社会战略反应以及企业社会绩效三者之间的关系。一方面揭示企业感知的制度压力的来源和类型，另一方面通过定性数

```
现实背景 ┐
         ├→ 探索性案例 → 机理分析 → 实证检验 → 结论展望 →
文献回顾 ┘
```

图 1-2　本书的逻辑主线

据的归纳分析，提出构念之间内在关系的研究命题，以初步论证本书构思的合理性。

其次，本书将基于组织社会学新制度主义理论，探索组织合法性需求视角下多维制度性压力影响企业社会战略反应的过程进而影响企业社会绩效的作用机理，并将基于组织文化导向和利益相关者理论，探索不同组织文化导向与企业社会绩效的相互关系，从而构建制度压力与企业社会战略反应及社会责任绩效的整合性理论模型。

再次，本书将通过大量研读相关文献，并基于企业经理人员对于相关变量的理解和阐述，在以往相关量表的基础上构建用以实证研究的调研问卷，并通过因子分析和内部一致性检验等方法，验证研究量表的效度和信度。

最后，本书将基于大样本问卷调查，并通过 Lisrel 结构方程和 SPSS 等统计软件，实证检验本文所构建的整合性理论模型，揭示出不同制度压力与企业社会绩效之间的内在关系，企业社会战略反应在制度压力与企业社会绩效之间的关键作用，以及不同组织文化导向对以上关系的权变影响。

本书的具体章节安排如图 1-3 所示。

第四节　研究特点说明

本书突破了企业社会绩效影响因素研究中一直努力探究却又无法定论的、基于"企业经济绩效与企业社会绩效"关系的旧有论证思路，从组织社会学的新制度主义理论视角出发，提出了企业是内嵌于社会制度环境，组织合法性需求是企业履行社会责任的内在驱动力的崭新论断。本书提出并验证了如下结论：企业感知的制度压力对企业社会战略反应具有显著正向影响，而不同的社会战略反应能力的异质性又导致了企业社会绩效

第一章 绪论

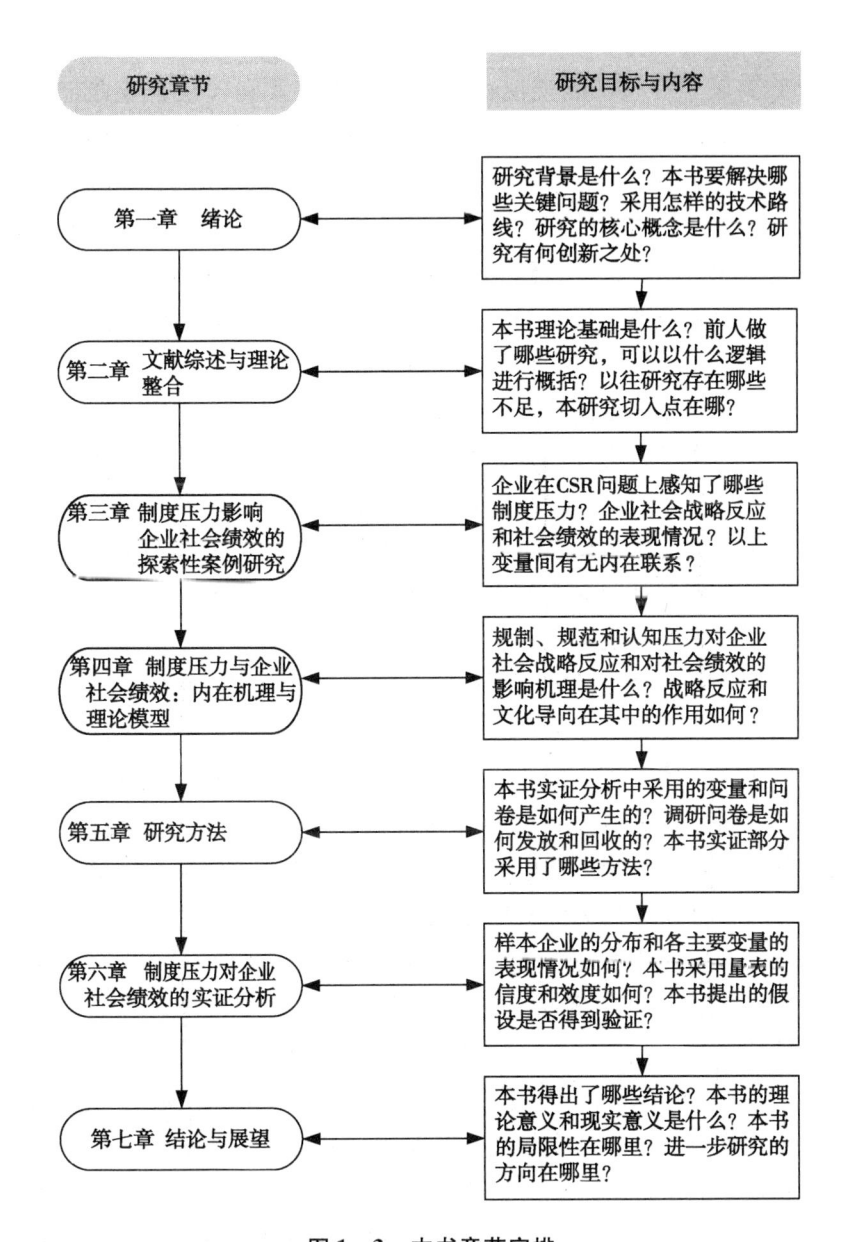

研究章节	研究目标与内容
第一章 绪论	研究背景是什么？本书要解决哪些关键问题？采用怎样的技术路线？研究的核心概念是什么？研究有何创新之处？
第二章 文献综述与理论整合	本书理论基础是什么？前人做了哪些研究，可以以什么逻辑进行概括？以往研究存在哪些不足，本研究切入点在哪？
第三章 制度压力影响企业社会绩效的探索性案例研究	企业在CSR问题上感知了哪些制度压力？企业社会战略反应和社会绩效的表现情况？以上变量间有无内在联系？
第四章 制度压力与企业社会绩效：内在机理与理论模型	规制、规范和认知压力对企业社会战略反应和对社会绩效的影响机理是什么？战略反应和文化导向在其中的作用如何？
第五章 研究方法	本书实证分析中采用的变量和问卷是如何产生的？调研问卷是如何发放和回收的？本书实证部分采用了哪些方法？
第六章 制度压力对企业社会绩效的实证分析	样本企业的分布和各主要变量的表现情况如何？本书采用量表的信度和效度如何？本书提出的假设是否得到验证？
第七章 结论与展望	本书得出了哪些结论？本书的理论意义和现实意义是什么？本书的局限性在哪里？进一步研究的方向在哪里？

图 1-3　本书章节安排

的高低；同时，不同的企业文化导向会对制度压力和企业社会绩效之间的正向关系产生调节作用。本书融合制度理论、战略理论提出的企业社会绩效的影响机制，对国家宏观层面、行业中观层面和企业微观层面进一步改善企业社会绩效有重要的启发意义。具体而言，本书取得的研究进展可以归纳如下。

（1）突破了资源基础观视角的旧有研究范式和仅从企业内部出发的原子主义观点，在企业社会绩效与企业竞争优势关系无一致性结论的背景下提出了新视角下企业社会绩效的驱动机制，具有一定的开拓性。

关于企业社会绩效的影响因素，现有文献通常是立足于资源基础观或者企业竞争优势的视角：或认为社会绩效源于企业较好的经济实力或资源基础，或认为企业履行社会绩效能给公司带来竞争优势。但经过国内外学者近30年的理论探究和实证分析，仍没有得出明确的、被广为接受的结论。本书基于近年来逐渐成熟的新制度理论观点，认为取得竞争优势并非企业履行社会责任的主要目标，企业财务绩效也并非企业社会绩效的主要影响因素；而是企业的政治合法性、道德合法性和关系合法性需求，无形地推动了企业社会责任建设。这种外部的制度压力虽不容易被察觉，但其要求和规范受到了社会大众的支持或者法律的强制实行，因而导致行动者不得不将这些程序和规范在行动中加以考虑。本书所构建的规制、规范和认知压力对企业社会绩效的不同影响机理，正是上述制度压力不同的作用路径。同时，本书基于多案例探索式定性研究提炼的三种制度压力，也为新制度理论在中国环境下的实证（案例）分析提供了应用范例。

（2）凸显了一直被企业社会责任研究者忽视的"企业社会战略反应"过程，从整合社会计划、激励员工参与和评估社会责任三个维度揭示了企业提高社会责任回应能力的具体路径。

企业社会反应概念尽管很早就被社会责任研究者所提出（例如卡罗尔，1979、伍德，1991等），但在其后的社会责任研究中却并未像企业社会绩效那样备受研究者关注（后者受关注的主要原因是利益相关者理论的发展）。以往研究更多地讨论了企业承担社会责任的原因和伦理要求，以及哪些因素影响了企业社会绩效，却忽视了社会责任管理的基础问题——"社会责任问题和社会事务应该如何应对"。以至于企业社会责任常常被公司管理人员认为"停留在讨论和宣传阶段，缺乏实际操作性"。本书将战略规划理论和社会议题管理过程相结合，把社会回应进一步提炼为社会战略反应，并通过多案例内容分析和定量实证研究的方法，探究了其与社会绩效之间的关系。本书提出的整合社会计划、激励员工参与和评估社会责任三个社会战略反应维度，为揭示企业社会责任的管理模式，进一步探索企业社会责任回应机制奠定了一定的理论基础。

（3）系统构建并实证检验了"外部制度压力—社会战略反应—企业社会绩效"以及"不同文化导向——制度压力与社会绩效关系"两种分析模型，实现了制度和战略在社会绩效影响因素中的融合分析，也为权变地分析外部环境和企业社会绩效的关系提供了相对新颖的研究思路。

为了系统探讨企业社会绩效的影响因素，特别是制度环境对企业社会绩效的影响机理，本书突破了以往"影响因素—社会绩效"的较简单的研究思路，分析并实证检验了社会战略反应在外部制度压力和企业社会绩效之间的中介作用，从而揭示了制度环境与企业社会绩效之间的内在反应"黑箱"。同时，本书并未满足于"制度压力—社会绩效"这一新视角，通过构建企业文化导向的调节机制模型，进一步丰富和加深了对于以上关系的理解，同时也有助于企业文化与企业社会绩效关系的进一步探究。

第二章

文献综述与理论整合

尽管当前关于企业社会责任的看法和理论层出不穷，但大部分的研究均分属于以下三大基本视角：①立足于经济利益的社会责任观。该视角把社会责任视为企业策略性地回应利益相关者以获取必要的发展资源的一种手段，所谓的社会责任仅仅是一种必要的营销策略；②推崇企业伦理的社会责任观，该视角把企业参与慈善和接受社会监督，视为社会"公民"的一种道德行为，强调自律和规范并推动企业公益行为在特定行业或者场域中的重要价值；③重视文化认知的社会责任观，该视角更加强调企业对于社会文化的"内化"，认为企业之所以会采纳相应的行为，并没有经过所谓的"深思熟虑"或者"道德体验"，而是企业对于大家公认的社会准则"本能地"反应的结果。与此同时，视角的差异还导致了社会绩效概念的测量方面的种种争议。

虽然上述视角在逻辑起点上相互驳斥，但在经验层面却都拥有大量的支持证据，单一地落脚于某一研究视角往往会产生顾此失彼的情况，因此，很难说上述观点谁对谁错，只能说各自存在着可能的适用范围。如何在一个统一、综合的框架下，把握和检验上述理论视角的解释力，成为理论上的一个缺环和难点。

借助于晚近兴起的"制度基础观"（彭，2002，2003；迈耶等 Meyer et al，2005，2009），本文试图在合理界定社会责任及社会绩效概念的基础上，系统、翔实地理解和把握不同的制度要素及与之相关的各层次合法性机制对于企业社会战略和社会责任绩效的影响机理和内在逻辑，进而就上述争议做出一定的经验判决，以加深我们对于企业社会责任的理论认知。

本章的总体逻辑，如图 2-1 所示。

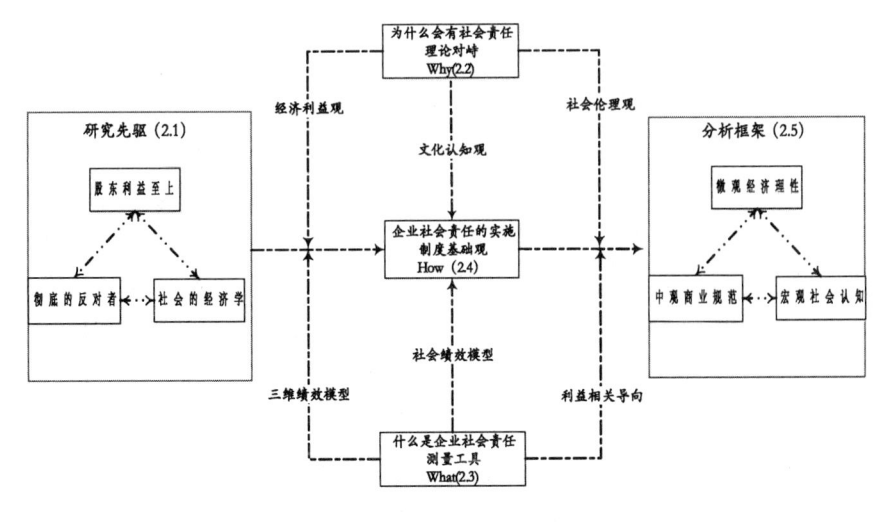

图 2-1　本章总体逻辑

第一节　企业社会责任研究的先驱者

早期企业社会责任的开创者们对企业社会责任的概念还未形成系统，当时有的学者提出，CSR 是指企业在取得股东利润最大化以外，对社会问题的响应和承担。也就是说，企业对股东的利益最大化责任只是企业众多义务中的一项，除此以外，企业还承担对非股东的利益相关者的义务。但该概念一经提出，就受到了许多学者的猛烈抨击。对于企业是否应承担社会责任的争议，最著名的案例就是 20 世纪 30 年代，哈佛大学法学院的多德（Dodd）与哥伦比亚大学的贝利两位教授的论战以及论战在 20 世纪 60 年代的延续。贝利教授代表了传统的企业理论观点，认为企业经理只能是公司股东的代理人，以股东利益最大化为终极目标。多德教授表示了强烈反对，他认为"企业是既有盈利功能，又具社会服务职能的经济机构"，他进一步指出"公司经营者的应有态度是树立自己对职工、消费者和社会大众的社会责任感"，企业管理者既受雇于股东，也受托于整个社会，包括社区、雇员、客户等利益相关者（多德，1932，转引自卢代富，2002）。思想的发展总是曲折上升，在 20 年论战的过程中，两位学者的观点竟逐渐接近，1942 年多德教授在一篇书评中放弃了其原先的部分观点并指出，"对公司管理者是公司的所有利害关系人的受托人的认识太莽撞"。

到了1954年,贝利教授又主动认输说"20年前,笔者与已故的哈佛大学法学院的多德教授进行了一场辩论,当时,笔者认为公司的权力是为了股东利益而设置的信托权力,而多德教授则认为公司的权力是为整个社区的利益而予以信托,这场论辩已经(至少目前是这样)以多德教授的观点为优胜而宣告终结了"(刘俊海,1999)。论战在此基础上,又吸引了其他学者的讨论和争辩,也进而把企业社会责任概念和思想不断推广。20世纪60年代,曼恩教授仍然不同意多德的早年观点,认为贝利后来同意多德的观点是错误的,并指出贝利没有讲清楚为何经营者既要对企业投资者负责,又应该利用企业的有限资源对整个社会负责。对此,贝利教授说,自己早年没有将企业经营者作为企业所有利害相关者的受托人看待,主要是怕企业因此对社会的政治、经济、文化等诸多方面产生过度操控和影响,而不是认为企业经营者不适合担当这种角色。其后,随着企业社会实践的多样化和理论的发展,曼恩也开始逐渐接受企业社会责任的思想(谢赫 Saleem Sheikh,1996,转引自田祖海,2005)。

在企业社会责任发展历史上,对企业是否需要承担社会责任的争论从来就没有停止过,理论发展曲曲折折。作者借鉴卢代富(2002)对经典文献的分类界定方法,将以往学者对企业社会责任的态度分为三大类。

第一类是从根本上拒绝"企业社会责任"的反对者。比如冈尼斯(Gunness,1986)提出,企业对众多社会问题负有直接责任,并让其单方面解决此类问题,是一种不切实际的奢望。史密斯(Rutherford Smith,1974)也认为企业社会责任这个概念含义模糊,没有实际操作应用能力,只能作为一种宣称工具。韩国学者李哲松也总结认为,"企业社会责任有违企业本质,企业社会责任概念模糊,而且对象不够明确"(李哲松、吴日焕,2000)。但CSR的支持者认为,反对者的理由在逻辑上是有缺陷的,不能因为企业能力有限,不能直接或独自承担社会热点问题,或者因对企业社会责任履行对象还有分歧,而忽视企业应该承担的社会责任。

第二类学者以部分主流企业理论学家和经济学家为代表。他们名义上不完全拒绝"企业社会责任"。但是实质上,他们是股东利润最大化的坚实拥护者。诺贝尔经济学家弗莱德曼和哈耶克就是其中的著名代表。弗莱德曼在其1962年的著作《资本主义与自由》中提出,商业经理人如果负有什么责任,那就是最大化公司价值。经理作为股东的代理人,没有从事不能增加企业盈利能力的企业社会项目的要求。此外他还认为，经理不能从那些不符合经理个人社会代理人身份但在法律约束以内的盈利性投资活动中抽身出来；没有比接受企业社会责任这个术语更严重地损害了自由社会的基础。在此基础上，弗莱德曼还认为，企业经理人只擅长制造产品、营销产品、为盈利筹资。他们没有承担社会问题的必要技能。英国诺贝尔经济学家哈耶克也持这种观点，他在他的著作《致命的自负》中，更是把企业社会责任和社会义务之类的词语称为"被恶毒化的语言"而大为批判，他认为对利润最大化目标的任何偏离都将危及公司的生存，并使董事们的控制权力削弱（哈耶克，2000）。

第三类则是由热衷或者支持企业社会责任理念的学者组成。这些学者的思想被罗宾斯称为"社会经济学观点"（Socioeconomic View）。社会经济学观点认为企业管理当局的任务不仅仅是创造利润，还应该对社会负责，增进社会福利，公司并非只是对股东负责的独立实体，它们还要对社会负责。同时，社会接受甚至鼓励企业参与社会的、政治的和法律的事务。这些支持者普遍认为，企业承担社会责任能满足公众期望、创造良好的公司形象和周边环境、减少政府的管制、带来更多的资源和长期的利润（罗宾斯，2004）。在以上认识的基础上，许多学者对企业社会责任做出了自己的概括，并逐渐形成了研究体系，比如戴维斯（Keith Davis，1960）认为，企业社会责任是商人、实业家们除考虑公司直接经济、技术利益以外，所采取的决定和行动。同期的麦奎尔（McGuire，1963）则注意到企业社会责任不仅包括而且超越企业的经济和法律考虑，而曼尼和沃利克（Manne and Wallich，1972）认为具有操作可能的概念应该是公司自愿行为。还有的学者则是通过罗列诸如污染问题、贫困问题、种族歧视问题等企业需要面对的各种社会问题来定义 CSR。

早期的争议表明，学者、政府以及大众对于企业社会责任理念的认识经历了从拒绝到接受，从模糊到清晰的过程；在企业社会责任理论呈现着经济利益与社会伦理之间的内在张力，这深深地影响了企业社会责任理论的演进历程。

第二节 企业社会责任研究演化脉络概述

企业社会责任的思想在 20 世纪的发展过程中，逐渐成为一股挑战传统企业理论、改变人们对公司性质和目的的看法，并影响国家有关法律制定的重要思潮。先后有许多知名学者对公司社会责任思想展开讨论。但对于企业社会责任的概念究竟为何，具体包括哪些方面，哪些是公司必须承担的，哪些是公司可以自由选择履行的，学者们并无明确结论。因此，企业社会责任理论的发展史与哲学史一样，是在不断地问"我是谁"这个问题中前进的。

已经有部分学者对企业社会责任概念的发展进行了梳理，例如著名学者卡罗尔1999年的一篇文章中从社会责任概念发展的时间维度，以10年为一个阶段对CSR概念进行了全面总结。他将20世纪50年代作为CSR概念的"现代纪元"的开始，接着列举了20世纪60年代对CSR概念做出重要贡献的戴维斯、弗雷德里克（Frederick）、麦奎尔等人的观点和20世纪70年代社会责任概念激增时期出现的企业社会回应、企业社会绩效等概念。卡罗尔提出，到20世纪80年代，关于企业社会责任新的定义越来越少，更多的是对CSR的测量以及其他可选择的议题的研究；到了20世纪90年代，学者们也并不是排斥了CSR，而是把研究热点过渡到了利益相关者理论、商业伦理、企业社会绩效和企业公民等主题上了，而且这些新主题是与企业社会责任的定义和讨论一脉相承的。

作者发现，不仅是社会责任的概念，社会责任的研究议题和理论基础也呈现了明显的时代特征，构成了富有规律的理论演化脉络（如图2-2所示）。

从图2-2中可以看出，企业社会责任思想出现伊始就陷入了"究竟是什么"以及"是否应该被承认"两大研究议题中。从前文对社会责任的缘起和社会责任概念历史演变的讨论中我们不难理解，CSR理论并没有因为质疑和争论而陷于停滞。一方面学术界继续探讨企业社会责任概念的内涵、对象、范围和出发点，以及企业承担社会责任的意义和负面作用；另一方面，依托社会责任的已有研究基础和企业竞争优势理论，学者们将CSR研究从"What"阶段延伸至以"Why"为中心的研究阶段。作者认为，在新的研究阶段下，企业社会责任研究有五个研究议题值得引起重视。首先，企业社会责任理论在这一时期得到了加强，CSR实现了从概念到理论体系的过渡，例如卡罗尔提出了CSR四层次的社会责任体系，Wartick进一步解释了社会回应（也叫社会响应），伍德加强了对社会议题和社会政策管理的认识，斯旺森对企业社会绩效框架进行了重构。同时，这些理论创新呈现互相支撑、整合贯通的局面（对于该议题，可见本综述

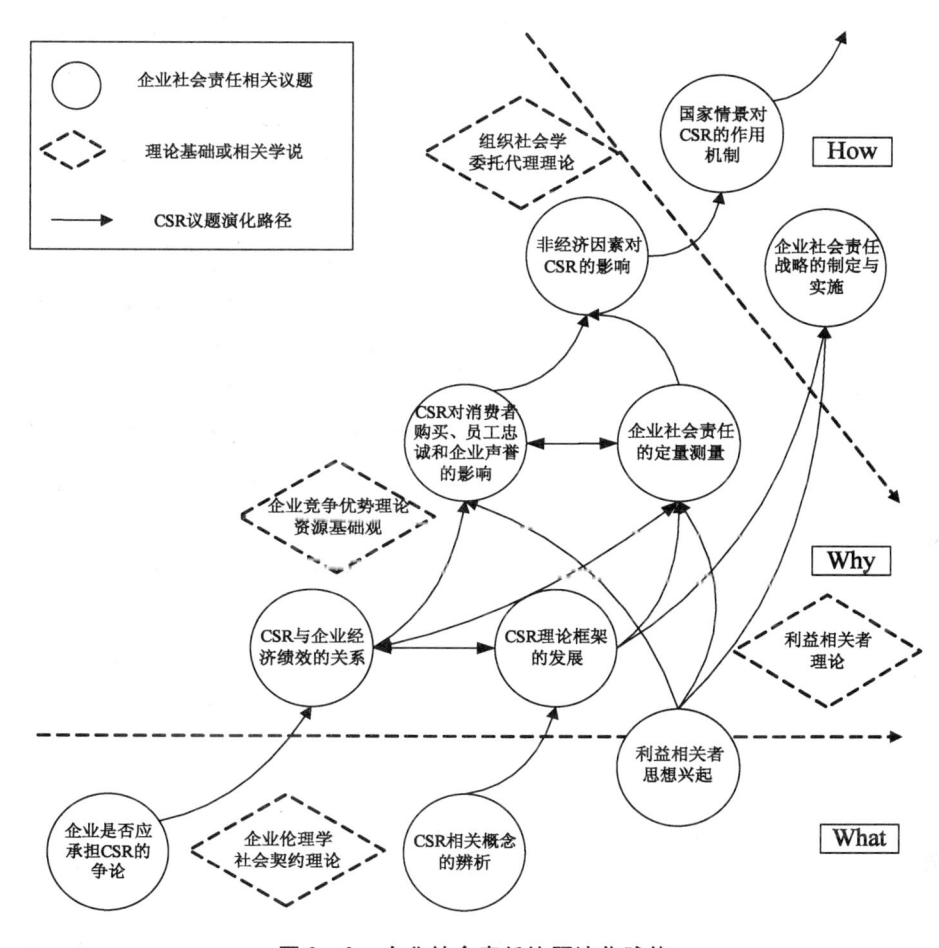

图 2-2 企业社会责任议题演化脉络

后续内容）。其次，许多支持企业社会责任理论的管理和经济学者从 20 世纪 70 年代末期开始，开始寻求企业社会绩效与企业经济绩效之间关系的研究。他们试图把企业社会责任作为企业的社会投资，并认为社会责任将给企业带来竞争优势。也有的学者与此相反，提出企业经济绩效是企业社会绩效的根源，即好的财务绩效才会导致优秀的企业社会绩效，还有的学者则针锋相对地认为 CSR 与企业经济绩效并无任何关系。令人遗憾的是，直到现在学术界对于企业经济绩效与 CSR 的关系探讨，仍未取得共识。在这一阶段的另两项议题与上述研究主题相关。

从图 2-2 中我们可以发现，对 CSR 与消费者忠诚度、新员工吸引力以及企业声誉之间关系的讨论是 CSR 与企业经济绩效关系讨论的延续和发展；而对企业社会责任测量的研究（对于该议题，可见本综述后续内容），则既来源于企业社会责任框架中的议题管理思想，更依赖于20世纪60年代以后利益相关者理论的迅速发展。同时我们也可以注意到，企业社会责任测量的定量研究，进一步推动了CSR与企业经济绩效关系的探讨，二者相得益彰，共同发展。

本阶段第五项议题的产生，首先源于经济效率和资源基础观视角下CSR与企业经济绩效之间结论的不确定，其次，组织社会学的新制度主义理论、委托代理理论、国家情景主义等理论的发展，也为CSR影响因素的研究带来了更宽广的视野和更丰富的理论源泉。与CSR研究从"What"阶段延伸至"Why"阶段类似，在CSR得到全球越来越多企业参与的背景下，理论界在"Why"研究的基础上，将CSR研究带入了更面向实际的"How"阶段[①]。作者认为，CSR研究在"How"的趋势上将更注重CSR与公司战略或国家制度情景的融合，更细化企业在不同行业和不同利益相关者导向下的CSR表现。

上述议题演化进程，特别是关于社会责任Why和How问题的理论探讨，本质上体现了关于企业社会责任的不同类型理论视角的对峙、碰撞与推进。下面将就上述理论视角的基本观点逐一介绍。

一　在利益与道德之间：两大理论视角的对峙

（一）经济利益观及其相关研究

企业社会绩效影响因素的竞争优势和资源基础观是在企业是否应当承担社会责任的争论中发展起来的，是新古典经济学范畴内诠释企业社会责任动力机制的主要构成部分。学者们试图证明"公司可以通过行善来赚钱"、"好的社会绩效与优秀的财务绩效之间有紧密联系"，来说服"股东利益至上理论"的支持者（如弗里德曼等），并驳斥企业不应将冗余资源用于社会责任行动的观点。

从实证研究结果来看，相当多的学者支持企业财务绩效与企业社会绩效之间存在直接或潜在的正向关系。比如帕瓦和克劳兹（Pava and Krausz, 1996）对20篇相关研究进行的总结后发现，好的声誉、积极的社会责任

---

① 例如，韦弗（Weaver, 1999b）构造了整合的CSR战略和解耦的CSR战略；马顿（Matten, 2008）提出了含蓄的（Implicit）和明晰的（Explicit）CSR策略。

行动与较优异的企业盈利能力、较高的企业股票价值相联系（比如科克伦和伍德，1984、罗伯茨 Roberts，1992 等）。沃多克和格雷夫斯（Waddock and Graves，1997b）在方法上考虑了社会绩效和经济利润之间的时滞效应，提出了社会责任与利润之间的因果关系，支持了社会性影响假说[①]。还有的学者从企业竞争性资源获取的假设出发，得出了许多富有借鉴意义的结论。例如布兰科和罗德里格斯（Branco and Rodrigues，2006）从资源基础观的视角论证了企业社会责任行动可以给组织提供内部和外部的利益；特尔本和格林宁（1996）利用社会认同理论与信号理论提出企业社会绩效与组织对潜在员工的吸引力成正相关的假设，并通过问卷调查和数理统计证明企业社会责任行动能够产生竞争优势。在相关文献回顾的基础上作者认为，经济效率与资源基础观下的 CSR 与企业经济绩效关系的研究思路可以用图 2–3 表示。

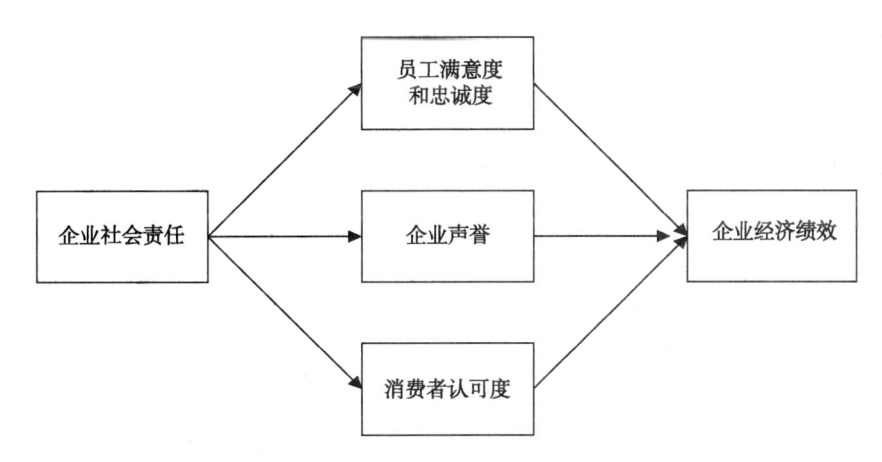

图 2–3　CSR 对企业经济绩效的作用路径

从理论分析框架来看，学者们主要提出了企业竞争优势目标下企业社会责任与企业经营如何融合、互补的理论，即狭义和广义层面的策略性慈善理论。前者主要是指波特 20 世纪 90 年代提出的"企业慈善事业竞争力理论"；后者则包括了众多将社会议题与企业竞争力相结合的战略和营销理念（包括波特、科特勒的理论以及企业—社会关系学等分支）。

策略性慈善的思想在现代商业中一直存在。早在 20 世纪 70 年代，

[①] 社会性影响假说认为，好的企业社会绩效水平会增进管理人员与主要利益相关者的关系，减少沟通成本与管制冲动，反之亦然（Waddock & Graves 1997b）。

IBEC 公司总裁洛克菲勒就提出，经济并非企业成功的唯一衡量标志，企业的投资必须"符合当地民众的需求""利用创新的经济可行的方法"，"尊重当地社区的社会规范"。他认为，这样的项目将塑造更富活力的市场，也会给企业带来更多利润。波特与林德继承了这一理念，提出了绿色竞争力观点（波特和林德 Porter & Linde，1995），为狭义策略性慈善提供了理论探索和舆论铺垫。在此基础上，波特和克雷默（2003）认识到企业面临"一方面，评论家要求他们承担更多的社会责任，另一方面，投资者毫不留情地施加压力"的两难境地，并承认"企业高层主管无法向投资者证明目前企业广泛采用的散乱的、没有重点的慈善项目对企业盈利有益"。他们提出，只有在企业的公益支出能"同时产生出社会效益和经济效益"的情况下，企业的社会责任活动和投资者利益才能紧密结合。波特等相信，企业的绩效受到劳动生产率的影响，而企业慈善事业的开展，将改善劳动者的教育水平、健康状况、市场成熟性等影响生产率提高的条件。只要通过"改善生产要素，加速市场成熟、影响市场规模和质量，打造有效、透明的竞争环境，扶持相关产业"等手段，就能实现企业成长和社会发展的良性循环。特别值得关注的是，上述狭义策略性慈善理论随着时代的发展有了进一步开拓。两位作者力图改变企业与社会零和博弈的关系，将社会责任行动内化为公司战略并将其与竞争优势结合。他们剖析了"道德伦理""可持续性""营运许可"以及"声誉"四个可能推动企业社会责任行动因素的欠缺，从"确定利益交集""选择特定的社会议题""构建社会议程"等方面阐述了企业如何追求利益和责任的双重目标（波特和克雷默 Porter & Kramer，2006）。

此外，广义层面的策略性慈善观则包含了众多学者的观点。例如，有的学者延续了经济交易的法则，从所得税筹划甚至是政治话语权与社会地位获取等问题入手，阐释企业社会责任的策略性活动。马和帕里什（Ma and Parish，2006）在关于中国私营企业慈善捐赠的研究中即提出，中国目前相对较强的中央集权体制及非营利组织发展尚不成熟的客观背景下，企业捐赠的途径、目的和方法都有其特殊性，中国民营企业的社会责任行为很大程度上是为了获得政治地位和社会声誉。还有的学者将企业社会责任与市场营销紧密结合，开发了崭新的营销理论。例如著名营销大师科特勒基于"二战"以来品牌建设由"理性浪潮"到"感性浪潮"最后到"精神浪潮"的变迁，以及消费者需求不断向马斯洛更高层次攀升的事实（普林格尔，2005），提出了"相关目标营销"（Cause – related Marketing）的理念。这是一种以声誉和可信度塑造企业竞争力的崭新渠道，它将公司或品牌与某项社会事业或问题联系起来，通过实现消费者的"自我实现"和"自我尊重"的需求，增加消费者的购买意向和公司的销售收入，并为社会责任事业筹集更多资金（普林格尔，2005）。对此，国内学者的实证研究也提供了佐证：金立印（2006）发现消费者对企业社会绩效的感知水平与消费者对企业的信赖感和忠诚度呈正相关关系；周延风等（2007）的研究表明，企业社会责任行动对消费者购买意向和产品质量感知均有显著影响。

值得肯定的是，无论是企业社会绩效与企业经济绩效关系的实证研究结果，还是狭义和广义层面的策略性慈善模式，都使企业社会责任行为跳出了"有此无彼"的传统"二元"分析观点，促发了企业社会责任的广泛实践。诸如"思科公司的网络学院"[①]、联想公司在国内开展的"联想西进"[②] 项目，以及从1993年雅芳公司在美国发起的"警惕乳腺癌圣战"等众多案例，都是策略性慈善理论在实践中的典型运用。但正如木综述对企业社会责任相关议题的脉络演化中所阐述的，不同学者在不同时期基于不同测量方法得出的CSR与企业经济绩效的关系结论各不相同，至今尚未得出一致意见（如表2-1所示）。

表2-1　企业社会责任与企业经济绩效关系的理论解释与实证研究

二者关系	理论解释	实证研究
负相关（-）	权衡理论假说弗莱德曼（1962）	万斯（Vance, 1975）莱特和费里斯（1997）
	投机论假说普雷斯顿和班农（Preston & O'Bannon, 1997）	波斯纳和施密特（Posner & Schmidt, 1992）阿尔卡法基（Alkhafaji, 1989）
不相关（/）	供给与需求理论麦克威廉斯和西格尔（McWilliams & Siegel, 2001）	安德森和弗兰克（Anderson & Frankle, 1980）奥佩勒（Aupperle et al., 1985）提欧等（1999）
正相关（+）	社会性影响假说科内尔和夏皮罗（Cornell & Shapiro, 1987）	帕瓦和克劳兹（1996）普雷斯顿和班农（1997）
	剩余资金假说沃多克和格雷夫斯（1997b）	麦奎尔等（1988）卡夫和哈格（Kraft & Hage, 1990）沃多克和格雷夫斯（1997b）
	正向协同理论沃多克和格雷夫斯（1997a）	斯坦威克（Stanwick & Stanwick, 1998）

来源：在沙兹曼等（Salzmann et al., 2005），麦克威廉斯（2000）等资料基础上整合而成。

[①] 该案例具体参见波特和克雷默（2003）。
[②] 该案例参见王永强（2006），中国经营报2006年9月18日。

（二）企业伦理观及其相关研究

尽管学术界对企业是否应该承担社会责任的争论尚未停休，但企业的实际行动中从未停止参与社会事业。一般认为，企业是追求利益最大化的市场行动主体，以股东价值最大化为根本目标；社会责任是公共管理的重要内容，是社会发展的内在需求，两者存在不同的利益导向。因此，对企业社会绩效影响因素的探讨必然要求梳理多领域的著作和文献，进行跨学科研究。最先呼吁企业从事社会行动并从理论上加以研究的是伦理学和公共管理领域的学者。特别是20世纪70年代一系列美国大公司丑闻曝光后，广大消费者开始寻求改善只讲竞争不顾道德的市场环境，掀起了"经济伦理学浪潮"（相关研究以罗伯特·所罗门、本·巴鲁克·塞利格曼等学者为代表）。20世纪90年代以后，波特等提出了工具主义慈善理论，既考虑了企业的经济目的，又吸收了社会的伦理呼吁，是企业社会责任理论的一次重要创新（波特、克雷默，2003）。但学者们的理论构建并未得到实证研究的充分支持，许多企业社会责任行动并未被公司战略所吸收，而只发挥了橱窗式的展示功效，经济理性的社会责任论出现了"失灵"现象。

因此，有学者强调，经济理性的企业利益以外，道德伦理与社会价值也被众多企业视为社会绩效的重要影响因素。特别是斯蒂纳等人提出的"社会契约"理论，在宏观层面为企业社会责任建构了一个核心概念（斯蒂纳，2002）。该理论提出，企业可以反映并加强社会价值观，就如教堂和国家一样，公司在决策与行动控制中使用道德契约规则，可以构造政治与社会（唐纳森Donaldson，1983）。这种暂时忽略企业短期经济利润的"社会契约"视角，给企业社会责任研究注入了新的活力。它认为商业企业在获得盈利的同时，应将社会价值与契约放在非常重要的位置上，必须以与社会利益相一致的方式行动。

斯蒂纳等认为，社会赋予企业一种职权，可以将资源有效地转化为社会所需要的产品；社会给予企业采取必要与合理行动的权利，并允许获得投资回报，而"合理的行动"就是指企业的行为必须符合法律的和社会伦理的要求（斯蒂纳，2002）。唐纳森和邓菲在《有约束力的关系：对企业伦理学的一种社会契约的研究》一书中也认为企业与社会有一种隐性的契约，这种隐性契约的核心内容是基于企业伦理的社会责任。企业作为一个社会主体，一成立时便应自然而然地承担起对利益相关者的责任和承诺

(唐纳森、邓菲，2001)。黑利（Haley）进一步提出，社会契约的具体内涵应随着社会条件的变化而改变，但社会契约的实质却是公司合法性的根源之一（黑利，1991）。与此相对应，国内学者也对企业社会契约给予了充分关注：李伟（2003）提出"企业与这些利益相关者不仅有经济契约，同时也存在社会契约；企业要信守承诺，不仅要履行经济契约，同时也必须履行社会契约，注意企业整体各方面的表现，才能成为受社会尊敬的现代企业"。他进一步认为，唐纳森和邓菲提出的企业社会契约是一个笼统的概念，难以深入探讨企业契约组合因素在企业信用系统中的作用。因此，应将企业社会契约分为企业内部社会契约和企业外部社会契约，以便具体对待。企业内部社会契约应包括对员工的社会契约、对管理者的社会契约；企业外部社会契约则包括对消费者、对公众、对政府的社会契约（李伟，2003）。

研究者利用社会契约这一视角，开始把更多的思考投入企业社会责任与企业社会响应中；许多企业的社会行动也恰恰反映了这一伦理动机。比如许多企业总裁被问及为何企业将诸多利润用于回报社会时，他们往往以朴实的语言表露其思想——"良心、道德和责任"。他们认为，公司就是一个企业公民，商业伦理是企业文化的基础和企业凝聚力的来源。

尽管从社会契约的宏观导向出发，企业社会责任已被看作是平衡股东与其他利益相关者的一种内在要求，其内涵与传统商业精神和当代企业公民理念相一致。但在操作层面，国内学者对该视角的理解还停留在概念辨析和理念传播阶段，缺乏实证分析。理论界有待出现既能整合相关理论又具有实证检验的崭新研究来进一步探讨社会契约与企业社会责任动力的结合方式及内在机理。

二 制度背景与企业社会责任：文化—认知观的兴起

伴随着研究的深入，学者们越来越发现，社会责任的履行在某些情况下与企业绩效呈正相关关系，但在不少情况下却并无关联，在更加极端的情况下则呈现负相关。因此，如果仅仅把社会责任视为企业追求经济绩效的产物的话，在很多情况下，这一实践并不会产生。正是如此，问题的关键不仅仅是要关注企业为了某些经济利益而采取必要的公益性活动，更要问，为什么企业会以社会责任的形式来组织其行为？（坎贝尔 Campbell，2007）在这方面，新制度主义理论提供了一个可能的视角。

自20世纪70年代以来，制度分析越来越成为学术界研究的热点。一般来讲，制度分析可以分为早期的制度分析和新制度主义两个阶段，但无论是哪一种模式，制度理论研究学者都分别在政治学、经济学和社会学等多个领域进行了探索和创新。本综述将主要关注组织社会学领域新制度主义的理论基础、逻辑思路、实证演变及其对组织研究的意义。

（一）新制度主义理论研究框架的演进

新制度理论作为组织社会学成熟期出现的重要分析方法，强调环境文化特征的重要性，它主要用共享的社会观念、制度规则来解释组织在制度结构上和组织表现上的趋同和符号化现象。其核心思想是——组织是内嵌于社会与政治环境中，组织的结构和实践受到了社会系统的规则、惯例和理念的深刻影响。

与许多其他学派一样，新制度主义的研究框架也是在经历了模糊解释到明确框架的历程。塞尔兹尼克（Selznick）是较早开始对组织进行制度分析的学者。在其成名作《TVA与基层结构》中，塞尔兹尼克通过对田纳西大坝工程的管理机构的研究，发现了组织运作过程中的非理性活动。他认为，已有研究将韦伯官僚体制中的组织视为各技术体系的观点与现实情况并非一致；恰恰相反，组织的实际运作往往受到多方利益的控制，组织并不是一个封闭的系统，它受到了外界环境的影响。所以，周雪光教授（2003）就此提出，制度化组织是处于社会环境、历史环境之中的一个有机体，它是不断地适应周围环境的产物，而不是人为设计的结果。以塞尔兹尼克为典型代表的早期制度学派思想与20世纪60年代以后出现的权变理论（Contingency Theory）一起，成为新制度主义分析的两大学术背景。另一位将制度引入组织社会学的先驱是西尔弗曼（Silverman），他（1971）发展了塞尔兹尼克组织与环境的关系的理论，并着重引入了共享意义的存在形式。西尔弗曼认为，共享意义不仅是内在的，也是存在于社会制度中的客观实际；组织的环境不仅是资源的供应系统和产品的输出系统，而且也应该是组织成员意义的来源。

在西尔弗曼等学者对组织理论的重构的影响下，20世纪70年代以后一大批学者将制度主义分析引入现代的殿堂（例如迈耶、罗恩、斯科特和朱克等）。其中迈耶和罗恩（1977）发表的《制度化的组织：作为神话的仪式》成为新制度分析的奠基性工作。他们提出，后工业社会很多正式结构显著地体现了制度环境的神话，而不是内部运作活动的需要；通常是环境的制度趋同对组织的结构和实践产生了影响而不是效率机制的逻辑（也就是合法性获得这一核心解释）。以上机制的影响主要体现在三个方面：首先，组织将遵守制度规定来改变自己的正式结构，为组织的活动提供合理的解释，使组织的经营免受质疑或责难；其次，组织通过采用外部的评价标准（例如ISO9000质量标准体系等），能使组织在公众面前表现出组织的信誉和价值；最后，精细化的制度化环境还稳定了组织内外的关系，使组织免予受到环境动荡的影响。迈耶和罗恩提出的这些观点对组织社会学后续研究产生了广泛的影响，成为核心理论之一。

在迈耶宏观视角的制度讨论之后，迪马吉奥和鲍威尔（1983）关于制度趋同和集体理性的研究对新制度主义学派做了重要推进。他们的研究主要是在组织领域或中观的场域内讨论组织趋同的三种扩散机制，并逐渐成为之后制度扩散研究的核心框架。第一种发生机制是强制性趋同，这种趋同来源于其他组织和社会文化期待施加于组织的正式和非正式压力，例如政府法律、法规等；一般而言，组织对这些压力的应对是仪式性的。第二种制度趋同的压力是模仿过程。迪马吉奥（1983）认为，这是组织应对不确定的一种本能反应，组织的模仿可能是无意识地、间接地通过员工的流动而传播的，也可能是明确地通过咨询公司或行业协会等非营利组织传播的。第三种趋同型组织变迁的来源则是社会规范。大学专业的正规教育和合法化以及跨组织专家网络的增长是规范压力的主要来源。本书认为，迪马吉奥和鲍威尔对中观场域制度趋同的分析更为具体，也更容易在组织结构和行为研究上加以利用；同时，他们定义的场域层次，也成为新制度领域学者最重要的分析层面（斯科特，2004）。在迪马吉奥和鲍威尔之后，又有其他学者从不同的视角对制度扩散进行了实证分析。例如，托尔伯特（Tolbert）和朱克（1983）在对政府部门结构变革的制度化及其扩散时发现，美国各州公务员制度的创立原因随时间而转变，早期采纳公务员制度主要与组织内部需要相关，而后期主要与合法性结构形式的制度定义有关。

除了明确制度化在时间和空间的扩散机制以外，新制度理论学者的另一个重要创见就是区分了技术环境和制度环境，并强调了其共存和互补性。斯科特认为，技术环境是这样一些环境，组织的一种产品得以生产并在一个商场中进行交换，组织可以通过对生产系统的有效控制而获得回报。而制度环境是那些以具有完善的规则和要求为特征的环境，无论规则和要求来源于何处,组织会因为遵守这些规则或信仰而获得回报(斯科特,2008)。曹正汉(2005)特别强调,这种制度环境概念来源于伯格和卢克曼(Berger and Luckmann, 1967),只有在互动的个体建立了支撑集体行动的共同框架和共同认识的基础上,社会生活才成为可能。在上述定义的基础上,斯科特进一步将制度环境和技术环境视为具有强和弱两种状态的变量,描述了不同部门的组织在以上两个维度的定位(如表2-2所示)。

表2-2　　　　　　　　组织的技术与制度环境分析

		制度性控制	
		较　强	较　弱
技术性控制	较强	公共事业 银行 综合医院	综合制造厂 制药厂
	较弱	精神健康诊所 学校、法律机构 教堂	饭店 健康俱乐部 托儿所

来源:Scott(1987)。

斯科特(2008)承认技术和制度环境都会产生"理性的"组织形式,但这两种不同的理性组织形式各自与一种不同的"理性"概念相联系。技术环境强调的"理性"(Rationality)整合了一系列规定或脚本,这些规定或脚本有效地生产了具有可预测特征的产品,并使各种手段和结果之间实现合乎逻辑的配置;而制度环境的理性则是指"合理性",即提供一种使过去的活动能为他人理解的方式。

从上述分析可以看出,新制度主义者的分析思路从宏观层次上首先展开,并逐渐开始关注制度环境对组织的作用,主要强调的是制度的内容而不是制度的过程。但与上述学者直接关注组织结构和行为不同的是,朱克(1977)通过三个彼此相关又各有侧重的实验入手,检验了不同程度的制度化对于文化延续产生的影响。因为制度化特别是大多数宏观层次的制度研究,对制度环境影响组织结构或活动缺乏深刻的揭示(朱克尔,2008),因此朱克的研究(包括朱克,1977、托尔伯特和朱克,1983、朱克,1987)体现了一种微观层次的视角。他提出,制度化程度越高,组织对文化理解和遵从的程度也会越大。同时作者也认为,朱克的研究开启了从认知理论解释制度主义的共享行动的大门,引发了鲍姆和奥利弗

(Baum and Oliver, 1992) 对于多伦多日托中心和科尔 (Cole, 1999) 对全面质量管理在制度认知领域的研究。

在此之后,斯科特 (2001) 基于已有研究成果,整合了相关的概念和论点并将其整合到更宽泛的理论系统中,提出了"制度的三大支柱框架"(如表 2-3 所示)。该框架不仅表明了制度在多个角度的变化性,也揭示了这些变化的原因。斯科特认为,制度由规制、规范和文化认知三个层面组成,并且在承诺基础、秩序基础、机制、逻辑、指示标志和合法性基础等多个横向维度上存在变化;而在纵向层面里,规制、规范和文化认识三个层面分别为经济学家、社会学家和组织社会学者所推崇。值得注意的是,斯科特 (2001) 的三大支柱框架中的机制维度,正是由迪马吉奥和鲍威尔 (1983) 提出的三种制度趋同的扩散模式,斯科特在其基础上进行了扩展并明确了其理论根源。

表 2-3　　　　　　　　　制度的三大支柱框架

	规　制	规　范	文化认知
承诺的基础	方便性	社会义务	理所应当的事、共享的理念
秩序的基础	规制规则	有约束的期望	结构轮廓
机制	强制	规范	模仿
逻辑	工具	合适性	正统说法
指示标志	规则、法律、约定俗成	认可	行动的共享逻辑
合法性基础	法律约束	道德治理	理解、认可、文化支持

注:加框的部分为迪马吉奥和鲍威尔 (1983) 已经提出的三种机制,来源:斯科特 (2001)。

(二) 制度影响下的组织行为表现

从社会网络分析的理论出发,研究者普遍认为企业并非生存在一个真空的环境中,而是镶嵌于国家和产业的具体情境之中。组织既在不同的系统和关系中承担了不同的社会角色,也受到了制度化过程的影响,并会对制度化做出相应的反应。例如,戴维斯和格雷夫 (Davis and Greve, 1997) 区分了同规模企业并购与不同规模企业 (尤其是涉及大企业) 并购之间的差异。前者往往被称为"黄金降落伞",而后者则成了"毒药"。他们强调,造成这两种行为的制度环境是不同的,同一个社区的企业往往具有一致的反应,不同社区中的反应则各不相同。霍夫曼 (1997) 考察美国化工和石油企业面临规制性压力下的战略反应时发现,企业在不同程度上都会改变设备、组织架构和公司治理制度来获取合法性。

因此，企业社会责任行为，也可以理解为制度环境下的企业的战略表现。例如，黄敏学等（2008）在剖析"企业被逼捐"现象时论述了企业捐赠行为的"权利"观和"义务"观。他们认为，社会责任"权利观"认为企业履行何种社会责任、履行的程度如何，都是企业的自主行为，不管企业所关注的是哪种社会责任活动，都会得到消费者积极的评价；而义务观是指企业必须进行某种社会责任活动，或必须将社会责任活动进行到某种程度，否则会引起消费者的不满。黄学敏等提出，"权利"观是以往学术界的主流观点，但"义务"观在现实中确实存在。因此，社会责任的履行效果还必须考虑企业本身的因素和公众对社会责任的"评价—行动"机制。

黄敏学等阐述的社会责任"义务观"及其基于扎根理论（Grounded Theory）总结的"期望—满意—行为"模型，正是中国背景下包括法律法规、行业行为规范、消费者期望、非营利组织监督在内的众多制度构建者（Institutional Constituent）对影响企业运营的集中反应。万科集团在2008年汶川大地震后的捐款从最初的200万元到后期1亿元的巨大变化，以及壳牌公司（Shell）从"将严重污染的石油钻井平台沉入北大西洋"到"逐渐吸收环境利益相关方诉求"的变革（莫维斯 Mirvis，2000）等众多案例也正好体现了制度环境下企业反应姿态从"反抗"或"试探"类型到"开放"模式的转变。

（三）制度环境对企业社会绩效的影响

制度因素对企业的社会绩效也承担着不可忽视的独立影响，越来越受到组织社会学和管理学研究者的关注（盖拉斯科维茨 Galaskiewicz，1985）。从外部因素来看，企业竞争优势和经济效率观点存在的部分失灵现象，导致学者试图从其他理论视角寻找企业社会责任动机研究的突破口。例如，伯特（Burt，1983）质疑所得税减免政策对企业社会责任捐赠的作用，盖拉斯科维茨（1997）发现公司聚焦于买方市场与社会责任捐赠之间并没有任何关系。从内因来说，制度规范与社会同构的思路融合了组织、法律、政治、社会等多种理论基础，为企业社会责任这一跨学科议题的合理化解释提供了特殊路径。特别是自20世纪70年代末以来，新制度主义和制度经济学在研究角度、分析方法等方面的创新，给研究者通过制度这个"透镜"来观察企业社会责任带来了可能。

从嵌入性观点来看，企业社会责任的经济理性观和道德伦理观实际上都是一种"原子化"的观点。无论企业的经营能力与利润状况如何，本地社区对企业社会责任捐赠的普遍关注，将使未采取相关行动的企业置于潜在的普遍关注之中，驱动企业导向一致性行动，即马奎斯（Marquis, 2007）定义的同构性（Isomorphism）——某个地理社区内中心企业的行动与其他企业的一致性。因此，企业既不会因为获利动机也不会因为道德要求而普遍从事社会责任事业，其行为因具体社会关系的影响而呈现差异性。新制度理论认为，研究者应该超越单个企业的利益约束，从场域层次的认知、规范、管制等社会同构性压力来看待企业的社会责任行动。例如，如图2-4所示，马奎斯（2007）在社会同构模型（斯科特，2001）基础上，将企业所在的地理社区概念化，并以此作为制度性压力的来源，来解释不同社区企业社会责任行动的本质和水平的不同。他认为：①社区层面的文化认知因素会影响企业社会责任行动的内容与形式，从而导致社区内的同构性；②企业与本地非营利组织联系紧密，会导致企业社会责任水平的提高；③政治与法律的关注会影响企业参与社会责任行动的积极性；④本地社区对企业社会责任行动方式的一致性越高，整体企业社会责任水平亦高。马奎斯等人的研究突破了资源依赖理论，体现了新制度理论所强调的合法性（Legitimacy）在组织与环境互动过程中的重要性。与此相类似，国内学者田志龙等（2005）通过案例分析也提出，企业的非市场性行为有助于提升企业的经营合法性，将企业与已具合法性的惯例（包括方式、组织、人员等因素）联系起来，是提升企业经营合法性的重要策略和途径。

延续以上研究思路，许多学者提出了企业社会责任行为的社区化（或本地化）作用机制，如盖拉斯科维茨（1985）发现当企业参与到本地社会责任团体中时，捐赠数额往往会更多；格思里（Guthrie, 2003）研究表明80%的公司将其最大一笔社会责任捐赠留在了本地社区中；坎特（Kanter, 1997）在迈阿密、波士顿和克里夫兰的研究显示，企业总部是否设在当地对该社区的捐赠额有明显影响。由此延伸，并将本地概念扩大至国家层面，企业社会责任的跨文化研究为社会同构和制度因素影响企业社会责任行为提供了更丰富的解释。例如，迈尼昂和罗尔斯顿（Maignan and Ralston, 2002）对美国、法国、英国、荷兰的跨国调查发现，国家的特殊政治、文化等制度差异导致了四个国家中企业社会反应的关键点和方

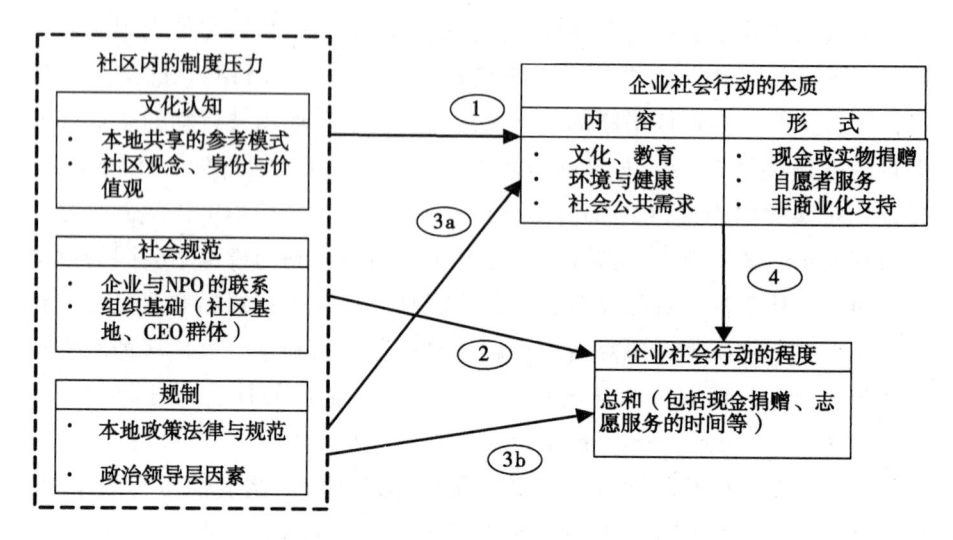

图 2-4　社区层次的企业社会行动机制

来源：马奎斯（2007）。

式各不相同。

正如许多组织社会学者所关注的，企业内嵌在经济与政治环境中，在这些宏观与场域（Field）环境内，企业的行为受到制度力量的深刻影响（坎贝尔，2007）。有案例表明，若一家已建立完备社会责任捐赠机构的大型企业收购了另一家毫无捐赠历史的公司，被收购公司可能也会出现社会责任行动；但若收购方并无社会责任行为的历史，则被收购公司的情况会恰恰相反（尤西姆 Useem，1988）。因此，坎贝尔（2007）综合性地提出，基本经济因素（包括财务状况、社会经济的健康状况、行业竞争水平等）首先作用于企业社会责任行动；同时，制度因素从中起到了调节作用，深刻影响了经济因素的作用程度和范围。他认为在如下制度条件中，企业更可能采取社会责任或者社会公益行动：①存在强有力的地方规制，特别是在政府、企业与其他利益相关者协商一致的条件下产生的；②存在健全而有效的行业协会监管，特别是当政府支持行业自我治理的条件下；③非营利组织、媒体、学校、工会等组织对企业社会责任行为或社会责任有普遍预期。也就是说，制度规范扮演了从胡萝卜到大棒的一系列角色，对企业社会责任行动发挥了关键作用。

新制度学派对企业社会责任动机和方式的研究，综合了经济理性策略说和商业伦理契约说的优势，对企业实际社会责任行动有较强的解释力。

中国转型经济条件下，经理人员在企业社会责任行动中的作用，还有待进一步研究。同时，新制度理论也存在一个"体制内"问题，即忽略了对"利益作用"分析（周雪光，2006）。因此，制度环境与企业社会绩效之间的内在驱动机制还有待进一步探索。

第三节 企业社会绩效：从理论争议到概念测量

如果说20世纪50年代到70年代的大部分学者都只是提出了企业社会责任的概念，并没有将企业社会绩效框架（CSP）、企业社会责任（CSR1）、企业社会回应（CSR2）或其他一些术语进行严格区分（沃特克，1985），那么卡罗尔（1979）发表在美国管理学评论上的文章使其成为企业社会责任理论框架的第一位集大成者。他首次提出了企业社会绩效框架（CSP）构念，从而把过去企业社会责任相关概念及其关系进行了整合。卡罗尔（1979）认为，企业社会绩效有微观的一面，即企业与环境界面，也有宏观的一面，即公司的社会参与，它包括了企业社会责任的四层次模型、企业责任涉及的领域以及企业社会回应三个维度。在社会责任的四层次模型中，卡罗尔认为企业应该履行经济、法律、伦理和自愿四种责任。当然，这四个责任的权重并不相同，经济责任、法律责任、伦理责任和自愿责任的权数依次为4-3-2-1（如图2-5所示）。

经 济	法 律	伦 理	自 愿

图2-5 卡罗尔定义的企业社会责任四层次
资料来源：卡罗尔（1979）。

其中经济责任指公司必须进行生产产品和服务，既满足消费者的需求，又实现股东要求的利润回报；法律责任指公司作为一个法人，必须在法律范围内经营业务；伦理责任指公司必须符合社会准则、价值观，做一个有道德的组织；自愿责任指公司在履行上述责任之外，可以按照其意愿和能力帮助社会实现更大的功能。卡罗尔界定的企业社会绩效框架的第二维度是企业社会回应，也就是弗雷德里克（1978）提出的CSR2，主要回答企业（管理者）在面对和处理社会问题背后的理念、方法或战略[①]。作者认为，卡罗尔对于企业社会绩效框架的巨大贡献，既包含了对 CSR1 四个层次的界定，也包括了他对 CSR2 的认识，是卡罗尔坚持把 CSR2 放入了 CSP 模型中，从而使 CSP 模型更富操作性。

到了 20 世纪 80 年代，沃特克在卡罗尔（1979）的基础上进一步完善了企业社会绩效框架。沃特克（1985）提出，卡罗尔（1979）的模型没有抓住学者们质询的分析、讨论与修正的过程。因此，在其 1985 年的论文中，沃特克注意追踪了 CSP 模型的演化过程。他特别指出 CSP 的独特性在于它将 CSR1 概念化，并把社会责任、社会回应和社会议题管理等维度，通过原则、过程和政策三个视角整合在统一的理论框架中（卡罗尔与沃特克模型的对比如图 2-6 所示）。

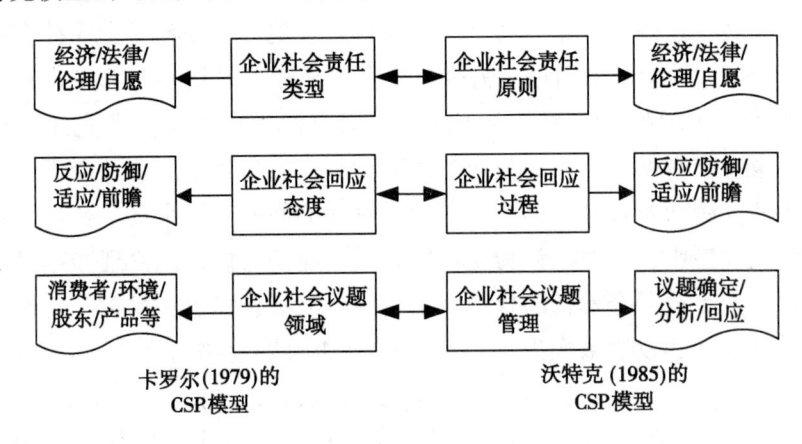

图 2-6　卡罗尔和沃特克 CSP 模型对比

作者认为，与卡罗尔的工作相比，沃特克创新点首先在于他扩展了卡罗尔社会绩效模型的社会议题领域。他认为议题管理主要分为公共议题管理、战略议题管理和社会议题管理三块，它们之间的区别在于议题类型不同，但目的与过程是一样的。他明确了议题管理从议题确定到议题分析再到回应发展三个过程，其目的在于减少从吵闹的环境对企业的干扰，推动企业系统地、互动地与环境进行沟通（沃特克，1985）。从图 2-6 中可

---

① 卡罗尔认为，CSR2 与社会责任层次模型 CSR1 的区别在于，后者被伦理和道德的线索围绕着，在不同的学者之间存在分歧；而前者只与管理回应的过程相关，即与组织的预测、控制、决策和社会政策相关。

以看出，卡罗尔的第三维度是社会议题的静态反应，而沃特克（1985）则将其过渡到了动态维度，正如沃特克指出的，议题管理才是CSP模型的第三个基础部分，是非常重要的组成部分。在他的CSP模型中，沃特克还总结了三个维度的不同侧重点，他认为社会责任原则是一种哲学导向，回应过程是制度导向，而社会议题管理则是组织导向。此外，沃特克基于卡罗尔（1979）和斯特兰德（Strand，1983）提出的CSR1和CSR2的差异，也是其对企业社会责任框架发展的重要贡献，如表2-4所示。

表2-4　公司社会责任（CSR1）与公司社会反应（CSR2）之间的区别

	社会责任	社会反应
主要考虑的方面	伦理	实用性
分析单元	社会	公司
焦点	结果	方法
目标	企业之外	企业之内
着重点	义务	反映
公司的角色	道德代理	产品与服务的制造者
决定机制	长期	中短期

来源：沃特克（1985）。

伍德（1991）认为，尽管沃特克（1985）对企业社会问题的思考有所推进，但是仍然留下了一些问题。首先，沃特克的社会绩效框架缺乏行动与结果之间的互动；其次，社会反应只是单一的而没有一系列过程；最后，政策不能全部反映公司社会绩效的水平。因此，他在《冉论企业社会绩效》一文中对CSP模型做了新的改进（如表2-5所示）。

表2-5　　　　　　　　伍德（1991）的企业社会绩效模型

社会责任的原则	社会反应的过程	公司行为的结果
制度原则：合法性	环境评估	社会影响
组织原则：公共责任	利益相关者管理	社会项目
个人原则：管理者导向	议题管理	社会政策

来源：伍德（1991）。

伍德（1991）将CSP模型发展为社会责任原则、社会反应过程和公司行为的结果三个维度。对于第一维度，伍德认为卡罗尔（1979）和沃特克（1985）将CSR类别化并不是CSR的原则，原则应该是指以一种基础价值来推动人们的行动,而类别只是告诉人们责任在哪些方面履行;对于第二维度,伍德把视角从公司内部的反应类型投向了环境和利益相关者;对于 CSP 的第三维度——公司行为的结果而言,伍德指出社会责任的原则往往是看不见的,过程只能靠推理实现,而公司行为才是对动机得以判断、过程得以评估的基础。作者认为,伍德提出的 CSP 改进使得研究者可以探究社会责任动机(原则)—过程—结果之间的相互关系,即可能出现的坏的动机导致的好的结果、好的动机导致的坏的结果或者好的动机经历了不同的过程而导致的不同的结果等各种情况。

延续伍德社会绩效框架第三维度的思路,从反映社会责任实际表现的要求出发,克拉克森(Clarkson,1995)认为伍德(1991)的 CSP 模型仍不够让人满意,他提出应该使用利益相关者的关系框架而不是基于社会责任或者社会回应来分析与评估社会绩效。因为管理者事实上处理的是公司与利益相关者的关系而不是社会的关系。基于以上思路,克拉克森认为评估社会绩效最大的困难并不在于用什么系统来分配等级或价值,而在于数据的取得。而他在 1995 年经典文章的附录中关于员工和公共关系数据来源的描述,为今后的社会责任的测量做出了示范。

从上述分析可以看出,企业社会责任理论框架从卡罗尔(1979)的三维概念模型开始,通过沃特克(1985)的重要推进,经过伍德(1991)的再修正和克拉克森(1995)的利益相关者再导向,不仅扩展了以往贫瘠的社会责任思想,形成了相对成熟的理论体系。同时 CSR 还与企业竞争优势理论相结合,产生了许多富有探索意义的课题,吸引了大批学者的关注。作者也发现,ISI-WEB 数据库中有关 CSR 的文献数量,从 20 世纪 70 年代开始进入了一个快速增长期。此外,正如伍德和克拉克森所关注的,CSR 的相关研究不仅在理论上,而且在 CSR 的测量及其与公司经济绩效关系的实证检验也越来越得到学者的重视。

企业社会绩效(狭义的概念)是企业参与社会责任后的结果,是企业社会责任得以评估和比较的基础。自 20 世纪 70 年代以来,伴随着利益相关者理论的成熟,西方学者提出了多种评价企业社会绩效的模式。例如索尼菲尔德从外部利益相关者的视角,分别从社会敏感性和企业社会责任两个维度对林业企业进行了社会绩效评价(陈维政,2002)。20 世纪 80 年代以后,更是出现了大量的企业社会绩效与经济绩效关系的实证研究,学者们根据各自对 CSP 定义的理解,采用了各种企业社会绩效数据。例如帕瓦和克劳兹（1996）通过对几十篇相关文献解读后，总结了9种常见的企业社会绩效的数据来源，如表2-6所示。

表2-6　　　　　　　　　　企业社会绩效的数据来源

社会绩效数据来源	采用的研究者举例
Milton Moskowitz 体系	科克伦和伍德（1984）；
公司年报中关于社会绩效的披露	李正（2005）
CEP 协会对环境保护的衡量指标	弗里德曼和雅吉（Freedman and Jaggi, 1982）；罗伯茨（1992）
企业首席执行官对 CSP 的态度	奥佩勒等（1985）
对南部非洲的投资	鲍德温等（Baldwin et al., 1986）
《财富》杂志的社会声誉排名	麦奎尔等（1988）
各年环境保护披露报告	安德森和弗兰克（1980）；弗里德曼和雅吉（1986）
KLD 公司数据库	特尔本（1996）；沃多克（1997b）
其他	帕腾（Patten, 1990）

来源：作者基于帕瓦和克劳兹（1996）等文献所作的总结。

在此之后，嘉伦斯和甘德（Igalens and Gond, 2005）在其研究报告中对学者测量企业社会绩效的方法进行了进一步提炼，提出了5类 CSR 测量的方法。第一类为年报内容分析法：这种方法一般先搜寻企业年报中披露的企业社会责任内容相关的数据，或某类信息在年报中所占的篇幅，最后用这些定量化的信息作进一步指标分析，李正（2005）等都是用了这种方法。第二类为污染指数测量法：该方法一般先由政府或研究机构制定评价指标，然后在实际企业污染物排放中进行检测。该方法往往在同行业的 CSP 比较评估中较为实用，且多在对环境污染严重企业的评估中较为常见。第三类为问卷调查法：这种方法先将企业社会绩效区分为若干个维度，并对每个维度都设计一系列测量题项，编制成测量工具，并通过探索性因子分析和验证性因子分析等方法，确定测量问卷的信度和效度。该问卷以其全面的评估内容，良好的心理测量学特征，越来越受到学者的重视，奥佩勒（1985）和金立印（2006）等正是这个方法的典型代表。第四类为声誉指标法：该方法往往以某个杂志或机构对企业声誉的年度评价为企业社会绩效的基准。应用较为广泛的两种公司声誉指标分别是 Moskowitz 指标和《财富》杂志声誉指标。从当前使用情况来看，《财富》杂志声誉指标受到了更多学者的欢迎。作者也发现，近年来国内也有一些知名报刊（例如《南方周末》）开始对国内企业进行慈善和企业社会声誉的排名。第五类 CSR 数据来源是专业机构的数据库排名。如表 2-7 所示，主要发达国家都已经建立了专业的企业社会绩效数据库和专业评估机构。

表 2-7　　经济合作发展组织（OECD）国家企业社会绩效评估机构与指数举例

国家	评估机构	企　业	指　数
澳大利亚	SIRIS（SIRI）	在 ASX 上市的 300 家公司	
比利时	Stock at Stake（SIRI）	在比利时、法国、新加坡和香港等地的公司	Ethibel：Asia/Global/Americas/Europe
法国	Vigeo	欧洲证券交易所 600 家公司	ASPI Eurozone
德国	Oekom Scoris（SIRI）	在德国和澳大利亚的公司	
日本	Good Bankers CPRD	在日本的 700 家公司	Morning Stars Socially Responsible I. I.
英国	Core Ratings EIRIS PIRC（SIRI）	欧洲、亚洲和北美的 1000 家公司 FTSE World 的 2500 家公司	FTSE 4 Good
美国	KLD Innovest	Socrates 数据库的 3000 家公司 MSCI World 的 1300 家企业	Domini 400 S. I. /LCS/DMS/NASDAQ S. I. Dow Jones Sustainability Index

来源：Marquez & Fombrun（2005）。

其中最有名的便是美国 KLD 公司。它涵盖了社区关系、员工关系、环境、军事协定、核武器、产品特征、南非投资、女性和少数民族问题八类企业社会绩效问题。由于 KLD 数据拥有涉及责任面广、包含企业数量多、调查较独立客观等诸多有利条件，成为许多 CSR 实证研究的首选数据来源，例如，格雷夫斯、沃多克（1994）和鲁夫（Ruf et al.，1993）等都是其中的典型代表。沙夫曼（Sharfman，1996）曾专门对 KLD 的企业社会绩效指标的建构效度进行研究，结论表明 KLD 数据与其他数据来源相比，更能适用于不同的企业，也更具外部效度。

作者发现，在近三十年对企业社会绩效测量的研究中，学者使用的企业社会绩效指标体系繁多，来源复杂。但值得关注的是，基于利益相关者的企业社会绩效测评方法逐渐成为该领域的主流测评方法，例如嘉伦斯和甘德（2005）总结的第三类问卷调查法和第五类数据库资料法都属于该范式。但作者发现，尽管有许多学者的社会绩效指标设计都从利益相关者理论出发，但不同实证研究所界定的企业社会绩效外延也各不相同。例如，约翰逊（Johnson，1999）认为社会绩效由人员和产品质量两个潜变量组成，前者包括社区、妇女与少数民族以及员工关系三个变量，后者由环境和产品质量两个变量构成；国内学者姜万军等（2006）构建的中国民营企业社会绩效评价体系由经济关系、社会关系和自然关系三个子系统加权平均而得；李离清（2006）则在SA8000着重强调员工关系和利益的基础上，增加了商业道德和社会公益行为两大类因素。

造成上述现象的主要原因，作者认为可以从研究者的主观和客观两方面进行分析。在主观方面来看，不同的学者对企业社会责任的责任范围、责任受众和责任自愿性等维度存在不同的理解，各种利益相关者对企业的重要程度也存在认识上的分歧，因此实证研究中CSR的维度和指标会有各种不同的组合。此外，由于评价企业社会绩效需要由来自不同利益相关者的数据，要获得及时、准确、全面的社会绩效审计数据自然有相当大的难度；特别是对于非上市公司，法律法规并不要求其定期披露相关信息，从而使公开渠道获得CSR的定量数据变成几乎不可能实现的任务，因此学者们只能退而求其次，从各自数据收集便捷度入手，反映其调研对象的整体企业社会绩效情况。

从上述研究中可以发现，学者界已有对企业社会绩效测评的研究主要出现在欧美等市场经济发达的国家，其他新兴市场国家在这方面的研究才刚刚起步。虽然可以直接借鉴已有的成熟CSP量表，但在发达市场经济和西方文化背景下发展起来的企业社会绩效量表在国内的推广度仍有待检验。CSP指标体系的研究在国内也属于起步和发展阶段，只有少数几位学者从中国国情出发，结合西方企业社会责任分类惯例，构建了综合性、多层次的企业社会绩效评价体系，金立印（2006）是其中的一位先行者。他基于消费者视角，通过消费者调研和探索性因子分析的方法，开发了一组包括回馈社会、赞助教育文化公益事业、保护消费者权益、保护自然环境和承担经济责任五维度的CSP量表体系。该量表体系的特点在于它反映了国内消费者对企业承担社会责任的期待，具有一定的实用性。

此外，北京大学的姜万军等（2006）基于中国民营企业常具有附加值低、劳动强度大、工作环境较差、环境污染严重、产品质量问题较多等现状，为了帮助中国民营企业更好地应对国内外企业社会责任运动的挑战，通过层层的指标选择，创造性地建构了中国民营企业社会绩效评估体系。在此基础上，相关机构还开启了国内首个面向中外资企业社会绩效的大型调查。作者认为，该评价体系在企业实际操作性上比以往的指标体系有较大的进步，但量表的信度和效度上有待进一步检验。作者认为，到目前为止，国内学者在 CSP 测评领域做得较规范的是郑海东博士。郑海东（2007）在大量阅读国内外相关文献的基础上，设计了中国企业社会绩效指标库，在此基础上，通过专家甄选、MBA 学员调查和企业中高层管理人员预测试三步，对 CSR 量表进行了反复修改；最后，再通过大样本问卷调研和结构方程验证分析，设计出了包括内部绩效、商业伙伴绩效和公共绩效三个维度的具有较好的信度和效度的 CSP 测评量表。

第四节 制度基础观及其内在逻辑

制度基础观（Institution Based View）被战略管理学界认为是继"产业经济学"（Industry Economics）和"资源基础观"（Resource Based View）之后的第三条支架（The Thrid Leg），其核心理念是：组织的战略选择不仅仅基于自身的资源或者所处的产业地位，更取决于其所处制度环境所带来的各类制度性约束，组织的战略选择必须服从于正式或者非正式的网络，组织的战略选择有时候并不是组织自主选择的结果，而是组织在特定制度情境下"自然而然"反应的产物（彭，2002，2003；彭等 2009）。这一理念本身包含了强合法性和弱合法性两层意味，"强合法性"概念贯彻了社会学理论中的规范或价值的核心理念，"弱合法性"概念构成了新制度主义与新制度经济学或资源依赖学派间的整合面（斯科特，1995）。正是如此，本文以为，制度基础观的逻辑与社会学新制度主义一脉相承，同时强化了组织选择的"能动"意义，这源于新制度经济学或新古典经济学的相关内涵。

这一思路与萨其曼（1995）强调的"制度的"和"战略的"合法性战略不谋而合。有鉴于此，本文以为，合法性机制和组织针对制度环境的制度回应，构成了制度基础观的理论先驱；与此同时，本文强调，制度基础观构成了整合上述两种思路的可能框架，下文将按此演化逻辑来组织。

一 合法性及其作用机制

合法性（Legitimacy）是新制度主义理论最重要的行动逻辑，也是组织社会学里的核心概念之一。按照萨其曼（1995）的经典定义，合法性是指"在规范、价值、信念和定义等社会结构的系统内认为行动和个体是值得期待、合适或者恰当的一种普遍观念或假设"。周雪光教授（2003）从社会认可的角度对合法性机制下的定义是"诱使或迫使组织采纳在组织外部环境中具有合法性的组织结构或做法的制度力量"。无论哪种定义，我们都可以发现，合法性的核心理念不在于自身的利益机制或效率，更关注的是社会规范的支持与期待，要求组织或个人的行动基于社会承认或合乎情理的逻辑。这意味着，组织生存在制度环境里，它必须得到社会的承认，为大家所接受（周雪光，2003）。

如前所述，制度因素的影响，大致上可以从以下两个角度来分析：一个是新制度经济学的思路；另一个是新制度主义的思路。前者的关注重点正式的或者非正式的制度因素对组织行为选择的制约或推动，立足点在于企业往往会采取那些其认为对其自身最为有利的行为——即所谓的效率机制；而后者主要关注制度因素对于企业行为乃至企业行为背后内在认知逻辑的型塑——即所谓的合法性机制。相比以往的研究，制度基础观更加强调整合资源和制度间的相互融合，并且重视从多个维度来思考合法性机制或制度机制在组织战略选择的重要价值，以期对资源基础观和产业经济学理论下的战略管理视角形成有力的补充（迈耶和彭，2006）。因此，本文在这里就强弱意义合法性机制作进一步阐释，以期更为全面地勾勒出制度基础观的基本逻辑。

所谓强意义是指组织的结构和行为是无法自主选择的，社会的共享观念具有强大的约束力。新制度主义学派的奠基人迈耶和罗恩（1977）强调的自上而下的大制度环境的重要性就是从这个意义上论述的。正如他们的题目"仪式和神话"所提到的，社会的共享观念往往以自然的法则出现，成为神话和仪式，人们会在无意识中按照这种观念进行思维。道格拉斯（Mary Douglas，1986）指出，这种强意义上的合法性通过三种"自然化"的机制得以实现，使得问题成为大家共同接受的观念和前提并让观念、制度稳定下来（周雪光，2003）：第一种自然化方法是"制度赋予人们身份，塑造人的思维和习惯"。例如，中国人自古就有"达则兼济天下"的观念，它表达了人们在显达的时候能以天下为己任，尽自己的能力帮助弱势群体的优秀美德。这种内隐在人们心中的共享观念成为类似自然法则的习惯，使得中国一代又一代的开明士绅和得志之人按照此观念坚持济贫帮困。第二种实现制度的自然化机制是社会群体记忆和遗忘的功能，它塑造了人们的思维模式和习惯，也左右了人们获得信息的方式。第三种自然化机制是类别化的方法，即将人或事物放入某一个类别或范畴内。例如在对企业的研究中，我们往往将公司分为国有企业、外资企业、私营企业等所有制属性。这种属性会给我们带来晕轮效应或刻板印象，影响我们的思维。以致过去我们一听到外资或私营企业就联想到严格的考核制度和超长的劳动时间；而听到国有企业则让我们常常联想到"人浮于事"或者"效率低下"这些问题。总之，道格拉斯（1986）论述的强意义上的合法性机制认为制度约束了人的思维和行动，影响了组织的行动，使得组织不得不采用外界环境认可的合法化机制。

而弱意义上的合法性机制是制度通过影响资源分配或激励方式来影响人的行为。与强意义相比，弱意义的思路认为制度并不是一种自然而然的思维逻辑，而是通过激励的机制或者是非同类性惩罚的方式来影响组织或个人的行为或选择（周雪光，2003）。例如，一个企业发出环境合法性信号，可以形成先发优势，提高企业声誉，并为企业在与利益相关方的对话中增加话语权，从而避免不期望发生的、常常是代价高昂的来自监管部门、NPO、媒体或消费者的监督审查（胡美琴，2007）。在现实企业经营中，我们也经常可以看到这样的案例。例如2001年美国安然（Enron）公司轰然倒闭后，其财务审计机构安达信（Andersen）公司遇到了前所未有的信任危机。尽管安达信公司在别的国家或公司服务并未有证据表明存在任何问题，但仍引发了许多跨国公司与其中止合同的事件。这是因为安达信作为国际知名的四大会计事务所之一，其行为违背了该行业的职业操守和行为准则，也违背了行业公认的合法性准则。

二　制度回应学说

对组织制度反应做出奠基性贡献的是加拿大的奥利弗教授。她在1991年在《美国管理学评论》杂志上发表的论文，依据新制度和资源依赖理论提出的组织面对环境的5维度反应框架。不仅回应了以往有的学者认为组织只能被动接受制度环境、缺乏主动战略行动的批评，还揭示了组织在不同制度压力下可能采用的多维度策略。如表2-8所示，奥利弗（1991）认为组织在遇到制度压力时候会采取5种战略，并会采取一定的手段。在此基础上，奥利弗进一步提出了组织战略反应的5大影响因素

（包括原因、要素、内容、控制和环境），并认为各种策略发生的可能性因以上各影响因素内在程度的变化而不同。

表2-8　　　　　　　　　　　制度影响下的组织战略反应

战略	手段	解释
默许	习惯、模仿、顺从	接受自然而然的规则、模仿制度化的例子、遵守规则、接受制度
妥协	平衡、安抚、商议	在不同限制中平衡、适应制度要素、与制度相关方沟通
避开	隐蔽、缓冲、逃跑	假装不一致、解开制度附件、变更目标或领域
挑衅	驳回、挑战、攻击	忽略明确的规范和价值、规则与要求竞争、攻击制度压力的源头
利用	竞合、影响、控制	输入制度选举人、变革价值和准则、主宰制度制定者和过程

来源：奥利弗（1991）。

在此之后，许多学者沿着奥利弗多层次反应框架思路，基于组织反应姿态（posture）的概念进一步探索了组织在制度化下的反应条件和行为表现。例如Spar和La Mure（2003）分析了不同产业群组环境下，企业面对外部批评或压力时会采取"投降""反抗"和"抢先"三种姿态，而以上姿态的产生则主要依据成本收益的计算和公司价值的评估。Zadek（2004）通过对耐克（Nike）公司面对新挑战时的社会责任表现，概括了公司战略反应的5个阶段姿态，即从"否认实践、结果和责任"的"反抗"姿态到"提升整个产业社会责任水平"的"公民"姿态。

综合奥利弗（1991）与斯巴尔和缪尔（Spar and La Mure，2003）的研究结果，巴苏和圭多（Basu and Palazzo，2008）在建构意义（sense-making）的行动层次把企业姿态定义为"反抗—试探—开放"三种类型。他们认为"反抗"姿态是这样一种组织表现：即使过往的行动已经被证明是不合适的或无效率的，组织仍然不给外界环境任何积极反馈；而这种策略可能导致企业适应环境变革的努力归于失败。对于"试探"姿态，巴苏认为这主要是因为企业缺乏社会问题的经验或者对行为的结果有较大的不确定性。在该行为模式下，企业一般将按预定模式行动并可能尝试纠正不良行为的新举措。第三种组织表现姿态是"开放"型。在该战略下，企业将与内外部的制度相关者积极讨论，并共享解决方案和对议题的观念，以推动实际的变革。作者认为，巴苏和圭多（2008）的框架改变了以往学者组织反应模型各维度的孤立特征，突出了类型之间连续性和递进意义，对刻画制度环境中组织行为的变革有较强的借鉴意义。同时，各维度之间的递进关系也为后续相关量表的开发与实证研究奠定了基础。

此外，上述内在的制度回应机制，在个体层面也有所体现。例如，阿特金森和盖拉斯科威茨（Atkinson and Galaskiewicz，1988）认为，所谓企业社会责任的经济理性观并不十分可靠，并没有充分的证据表明，企业社会责任行为是为了扩大销售额、改善公众关系或者是提升企业形象。但经理人能够操纵利润增加企业的捐赠金额，使其捐赠水平大于在追求公司利润最大化下产生的捐赠金额，借以满足经理人追求社会大众赞许、同行羡慕的效果（黑利，1991）。盖拉斯科威茨（1985）的研究显示，经理人员利用企业社会责任捐赠来最大化其自身利益，比如更好的个人声望、更高的薪酬、更广泛的尊重和支持等；企业社会责任捐赠的资金安排与管理者的个人特征或自我服务取向相联系。

三 小结

如前所述，制度基础观的基本逻辑既延续了"从制度到组织的"内向观察思路，又强调了"从组织到制度"的外向应对视角，强调了战略选择乃是制度与组织间交互动态的产物（尚航标，王培伦，2011）。

制度基础观的核心源于对转型经济体内企业战略选择的研究。上述经济体在制度层面体现这样的特点：一是制度环境的高度不确定性；二是新制度不断确立并必须经历合法化过程；三是制度发展的地区间不均衡性（谢佩洪等，2010），这意味着企业必须花费大量的实践和精力在所谓的非市场战略之上，必须在技术竞争之外，重视各种制度因素对其生存与发展的形成的限制与提供的契机。

应该说，上文所论述的转型国家的企业战略情形，为制度基础观的提出提供了极为重要的情境支持，是理论研究的一个极端情形和绝佳机会。原因有二：一是，正是转型国家内的制度不健全和不确定性，导致了制度本身构成了一个"自变量"，这为某一国家内跨时段的制度比较和制度分析提供了可能，从而帮助研究者确认制度的重要性（迈耶等，2009）；二是通过将制度视为变量，而非单纯的背景性要素，使得战略管理分析不再是去情境的和反历史的，这意味着所有学者都必须在横向的跨国比较分析中重视制度背景对于战略管理原有理论的冲击和补充（巴特亚加贾尔 Batjargal et al，2013）。

正是如此，以制度基础观作为基本分析工具，来考察转型经济体中企业的社会责任问题，构成了理论和实践层面均包含特殊意义的活动（彭等，2008）。

第五节 利益、规范与认知：基于制度基础观的跨层次分析框架

尽管存在着一定的基本内核和分析纲领，但是制度基础观本身并未形成一个非常完整的架构，相关的研究也散见于组织战略研究的各个领域，如跨国公司组织结构和组织间并购等（蓝海林，2010）。如何将制度基础观强调制度因素作为关键情境要素塑造、调节企业行为的基本思路，整合成逻辑一致、具有一定说服力的分析框架，构成了研究者所必须面临的一个理论挑战。本文以为，不同于企业的纯粹逐利行为，企业的社会责任行为本身更能够反映企业所处制度生态的内在要求，正是如此，通过将企业社会责任理论的基本分析要素，嵌入制度基础观的分析逻辑内，形成一个系统观察和认识企业社会责任的综合性分析框架，是一个可行的和必要的研究思路，而这本身也构成了强化制度基础观作为分析的一个重要拓展（彭，2011）。

有学者认为，"制度直接决定了企业箭囊中拥有的箭数——这些箭决定了企业可以努力形成的战略及其潜在的竞争优势"（英格拉姆和西尔弗曼 Ingram & Silverman，2003：20）。可见，相关研究可以直接从制度的内涵出发，来考察内在于其的企业战略选择的可能影响。彭等（2009）曾指出，制度基础观强调的制度条件和转变对于组织战略和绩效的影响的分析，必须基于对制度因素的细致了解才有其分析价值。正如斯科特（1995）所分析的，这些制度从层面不同的合法性机制出发，型塑了企业的战略选择（见表2-9）。

表2-9　　　　　　　　　制度基本分类及其支柱

正式程度（诺斯，1990）	例　子	支持支柱（斯科特，1995）
	法律	规制（强制）
正式制度	法规	
	规则	

续表

正式程度（诺斯，1990）	例　子	支持支柱（斯科特，1995）
	规范	规范
非正式制度	文化	认知
	伦理	

来源：彭等（2009）。

由于社会学家和组织领域的学者对其类型和来源的研究存在着一定差异，研究者往往会从各自案例和目的出发进行总结，因而也造成了各种不同的合法性分类和机制（如图 2-7 所示），本文拟在详细梳理和整合上述合法性机制的基础上，提出分析企业社会责任的跨层次分析框架。

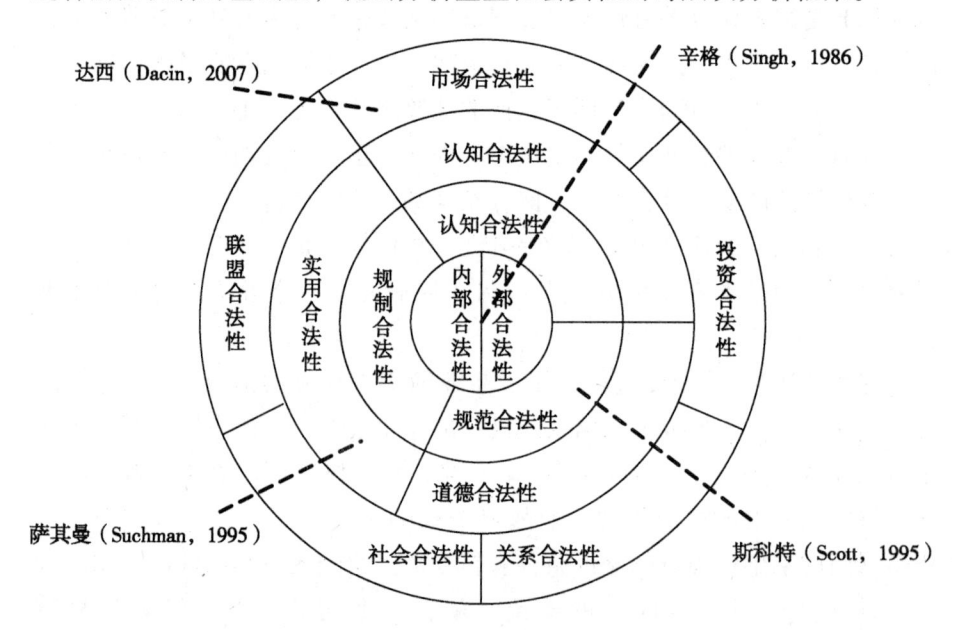

图 2-7　组织合法性类别分析图

辛格（1986）首先将合法性来源分为内部合法性与外部合法性。在其对一群自愿服务社会组织的调查中发现，年轻组织的死亡倾向更多的与外部合法性相关，内部协调机制除了首席执行官流动率这一指标以外，较少与组织的死亡速率相关。辛格就此提出，年轻组织要获得更久的生存应该寻找更多的外部制度支持。国内学者赵孟营（2005）进一步分析认为，组织内部合法性是指"组织成员对组织权威结构的承认、支持和服从"，其源头是"组织理性与个人理性的一致性"；组织外部合法性表示"组织外的社会成员对组织权威结构的承认、支持和服从",其源头则是"组织理性与社会理性的一致性"。同时赵孟营认为,组织的生存与外部合法性的三个层次(基本外部合法性、特殊外部合法性、没有外部合法性)之间的转换有着密切的联系。

组织社会学最著名的学者斯科特也提出了它的组织合法性分类。他将组织合法性定义为规制合法性(Regulative Legitimacy)、规范合法性(Normative Legitimacy)和认知合法性(Cognitive Legitimacy)(斯科特,1995)。

规制合法性与政府规制和法律强制性有着较大的联系,斯科特认为它源自政府、专业组织、行业协会等部门制定的各种法律和规范。正如许多研究注意到的,企业的生产、营销甚至战略活动会受到国家法律和行政法规的影响。例如,政府可能会颁布法令来限制行业垄断,地方政府可能对产业布局进行重新规划。但除了法律制度以外,行业协会的标准和规范也是企业成为"良好公民"的必要条件,同时处于不同行业的企业面临的合法性准则也存在着差异。

其次,斯科特(1995)所谓的规范合法性也被学者称为道德合法性,它来源于社会的价值观和道德观。与规制合法性反映的是社会对组织"正确地做事"的期望不同,规范合法性反映了公众对组织"做正确的事"的预期。同时,这种判断是基于组织的行动是否有利于增进社会福利、是否为民众所接受的理念(曾楚宏,2008b)。市场营销学研究者认为,企业营销的成功与否,与其规范合法性的获得有密切联系。例如,科特勒等学者倡导的"善意营销"(Cause-related Marketing)正是以此为基础。这正如我们在市场中看到的,国内"农夫山泉"等品牌的公益营销等活动都在一定程度上取得了较大的成功。

Scott 总结的第三种合法性机制是认知合法性,它与强合法性层次的"类别化"有所相似,但更多地体现了组织从事活动与"普遍接受"(Taken for Granted)规则之间的重合度。对于新创企业而言,认知合法性与规范合法性一样重要,因为银行、供应商、分销商等外部利益相关者必须在对企业有所了解的情况下,才能对其进行规范判断,从而才可能与企业进一步合作。因此,认知合法性是新创企业接近和动员资源的前提条件(曾楚宏 2008b)。

萨其曼(1995)的合法性三重分类与斯科特(1995)在两个维度上

不谋而合，他们都提出了规制（道德）合法性与认知合法性对企业的重要影响。星巴克（Starbucks）公司实施"采购认证"和"公平交易咖啡"的策略，就较好地诠释了以上两种机制。但萨其曼（1995）的第一个维度却与斯科特（1995）有了一定的差异。尽管二者都强调法律和法规的核心影响地位，但斯科特（1995）主要从压力来源入手，而萨其曼（1995）更多地则从组织目的出发。后者重点强调了组织为防止外部系统的监督而失去市场或政策支持而采用的措施与手段。

后续的研究多在此基础上进行拓展，并对特定的合法性机制进行细化和论证。例如，齐默曼和蔡茨（Zimmerman and Zeitz, 2002）对新创企业的合法性构建分析中加入了产业合法性（Industry Legitimacy）维度，这些因素在国际新创企业研究中受到了越来越多学者的重视（朗斯伯里和格林Lounsbury & Glynn, 2001；托尔尼科斯基和纽伯特Tornikoski & Newbert, 2007）。许多学者通过对比跨国公司与本土企业在新兴市场的经营案例发现，非本国经营企业比本国经营企业需要承担更多的额外成本，即"外来性负担"（Liability of Foreignness）与"合法性溢出"（Legitimacy Spillovers）。还有的学者从战略联盟绩效的驱动因素入手，对多种组织合法性类型在开创企业间联盟过程中的作用进行了深入探索。

也有学者直接从市场利益相关者出发，来考察合法性机制的影响，达西（2007）提出，市场合法性主要是指企业在一个特定的市场经营的权利和资格，它的主要目标是政府、供应商和客户；关系合法性表示了某个企业成为合格伙伴的可能性或价值，它的主要目标是组织的潜在关系；社会合法性是指企业与社会期望或规则的一致性，它的主要关注点是公共利益群体、当地社区和消费者群体；投资合法性表示企业参与某项投资活动的价值，它主要以董事会成员、公司高管和股东为考虑对象；联盟有效性代表了公司战略联盟的有效性或合适程度，重点关注了母公司和其他公司。

综合而言，企业组织是内嵌于社会与政治环境中的，组织的结构和行为受到了社会系统的规则、惯例和共享理念的深刻影响。相关研究也表明，制度化影响下企业会促发各种战略性反应，实用、道德、认识、联盟、关系等诸多合法性需求与组织在社会中的行为表现有密切的内在联系。从根本上来说，组织合法性层次主要反映了不同类型制度要素的不同作用机制，合法性类型往往与组织在特定制度情境下的目标相联系。

也就是说，组织合法性能带给组织的外部关注者更少的监督成本和较低的不确定性预期；同时，组织采用各种有意义的策略也可以调动其他组织的承诺与参与，从而帮助其取得外部系统的介入和支持。可见，如果我们将企业的社会责任，视为是组织面临之制度环境在不同层次所体现的内在要求，来考察和梳理现有的企业社会战略理论——可发现，对企业社会责任动机问题的研究存在三个不同的视角（斯科特，1995；萨其曼，1995）——而上述三大视角的分歧，在本质上源于企业面临的三种不同层次的不同类型制度的潜在影响。

进一步地，如果我们针对制度要素的作用范围进行分类，会发现，这三个理论视角分别考察了宏观、中观及微观三个层次制度的影响机理（如图 2-8 所示）。

首先，从微观视角来看，企业承担了将公司与股东剩余价值最大化的角色，其社会责任行动具有工具主义的特色。例如，企业希望履行社会责任能塑造企业声誉、增加对潜在员工的吸引力、将自己的企业或产品与其他竞争对手区别开来，增强员工的忠诚度、管理市场风险等。因此，在微观层内部，CSR 遵循经济交易的模式，以中短期效率为行动原则。

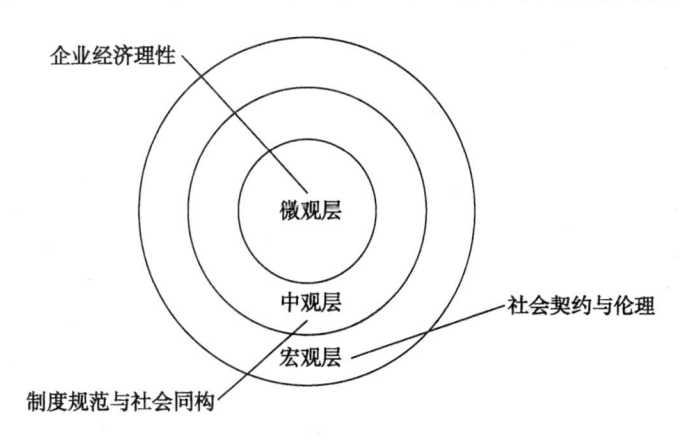

图 2-8 企业社会绩效影响因素的多层分析

其次，企业与个人一样，处于社会网络之中。企业与政府机关、机构投资者、非营利组织、同行竞争者之间建立了各种关系，形成了企业的中观场域环境。在该层次内部，企业不仅是一个利益最大化的个体，还受到了利益相关者价值观及其行动的影响，进而衍生出获得认同、追求合法性等制度性需求。因此，中观场域层次的企业社会责任动机，往往与服从社会同构压力、模仿行业惯例、满足压力集团要求联系在一起。

最后，在宏观层次中，社会伦理、集体文化与高层管理者价值观通过社会契约与道德共识深刻影响了企业的社会行动，不断促进企业凝聚社会力量，承担集体责任。CSR 成了企业对社会运动参与者希望其参与社会正向变革（Positive Social Change）呼吁的集中回应。

作者认为，微观视角下的企业社会责任基于企业资源观，以追求企业竞争优势为导向，其本质上源于公司治理机制这一制度要素的影响；中观场域层次中的企业社会责任依赖于其他社会组织与组织间互动，以获得企业利益相关者相关的合法性为目标，从根本上来说源于传统商业规范等非正式制度的内在要求；道德动机推动下的企业社会责任扎根于企业或地区文化以及企业面临的特殊情景模式（例如国家和地区面临的巨大的灾难等），体现了社会的核心价值观，这是企业作为社会一员被"社会化"而形塑并内化的重要表现，体现了文化这一最深层次制度要求的基本诉求。三种视角在企业社会责任的目标、功能、关键利益相关者、分析层次和理论基础上各有侧重，但都为企业社会责任的动机问题提供了独特分析思路，而将其整合在一起，则可以形成对于企业社会责任形成原因的较全面分析，从而有利于我们在实证研究中就各类视角的解释力进行比对。

表 2-10　　　　　　　　　企业社会责任的三个视角

	经济利益	企业伦理	文化—认知
目标	公司利润最大化	组织合法性	社会认同
功能	广告与战略营销	社会同构性	实现社会期望
关键利益相关者	股东	员工、当地社区、大众	组织生态
分析层次	企业组织内部	场域	宏观社会
理论基础	资源、经济理论	社会关系理论	文化理论

来源：黑利（1991），作者在此基础上进行重新改编。

基于制度基础观及其合法性逻辑，作者认为与竞争优势和经济效率分析一样，制度性压力或社会伦理是驱动商业公司履行企业公民义务的另一类潜在的决定性因素。因此，作者试图借助制度基础观的战略分析思维，从组织合法性需求下的制度驱动力这一跨层次整合框架出发，通过探索式案例分析、内容分析、大样本问卷调查等多种定性、定量方法，以企业社会战略反应的过程为中介变量，探索多维制度构建者（Institutional Constituent）对企业社会绩效的影响机制及其相互关系；并将结合利益相关者理论和组织文化导向理论，探索不同组织文化导向对企业社会战略反应与企业社会绩效的影响机制，以回答发展中国家情景下企业社会绩效的影响因素（Why）和实际应对战略（How）两大核心问题。

第三章

制度压力影响企业社会绩效的探索式案例研究

彼得·德鲁克曾提出"管理是一种实践，其本质不在于知，而在于行"，赵曙明教授也认为，管理研究需要整合"为什么"和"怎么做"，"为什么"是指我们对事物理解的理论知识的产生过程，而"怎么做"则指以解决问题为导向的理论发展；在当前环境下，有效整合管理研究和管理实践的能力非常重要（赵曙明，2009）。作者注意到，本书的核心问题——企业社会绩效和制度环境吻合"既来源于理论又应用于实践，既带有管理理论的一般性又带有本土环境的特殊性"的特征。因此深入企业进行调研、访谈和资料收集，并通过规范的案例分析的方法来揭示相关概念之间内在联系的研究意义十分明显。基于此，本章将在文献综述的基础上，选择五家来自不同行业的典型企业，探索其制度压力、企业社会战略反应和企业社会绩效的具体表现，并结合相关理论对其关系进行讨论，以初步论证本书构思的合理性。

第一节 案例研究方法概述

一 案例研究的原理和思路

案例研究近年来越来越受到国内外管理学者的重视（潘绵臻、毛基业，2009；西格尔考 Siggelkow，2007），许多国际管理学顶级期刊的主编都一再强调案例研究的重要性，并支持这样的研究（艾森哈特和格雷布纳 Eisenhardt & Graebner，2007）。这从《美国管理学杂志（AMJ）》2005—2007 年的最佳论文均为理论构建式的案例研究这一结果中可见一斑（潘绵臻、毛基业，2009）。因为它既可以对已有的理论进行重新验证，也可以通过案例分析产生新的理论，还可以在探讨已有理论的过程中产生新的理论（伊 Yin，2003a）。华人世界中的顶级管理学教授徐淑英老师也在 2009 年 11 月召开的第五届案例论文上指出，案例研究是做实证分析前非常好的研究方式，是"归纳式、理论构建型研究"的重要载体。

从国内情况来看，尽管规范的案例研究起步较晚，但发展迅速、影响深远。例如，从连续五届成功举办的"中国企业管理案例论坛"的规模和质量的逐年进步中我们可以看出，国内的管理学杂志的编辑、管理学者和企业家都非常重视运用案例研究来开发或检验包括西方管理理论、中国管理理论（A Theory of Chinese Management）和管理的中国理论（A Chinese Theory of Management）在内的各种管理学理论和思想（巴尼和张 Barney & Zhang，2009）。而国内管理学权威期刊《管理世界》对案例研究的重视（该杂志近年来不仅出版了案例研究的特刊，还增加了工商论坛中案例研究的发表数量），也大大激发了国内管理学者运用案例进行研究的热忱。

伊（2003a）认为，案例研究是探索难以从所处情景中分离出来的现象时采用的研究方法。它适用于研究发生在当代，但又无法对环境因素进行控制的事件。因此，它特别适合做"怎么样（Why）"和"为什么（How）"这个问题类型的研究，而非规范性质的"应该怎么样"的问题研究。普拉特（Jennifer Platt，1992）认为，"案例研究是一种研究设计的逻辑，必须考量情景与研究问题的契合度。"正如伊（2003a）所指出的，案例研究在分析方法上有两大特点：第一，它可以直接观察事件的进程，可以对事件的参与者进行访谈；第二，案例研究的资料来源渠道较广，文件档案、访谈、观察甚至数据都是其重要的数据源。基于案例不脱离实际生活环境和资料来源广的特点，需要研究者将多种资料汇合在一起进行三角测量（Triangulation）和交叉分析，并需要事先提出理论假设，以将事件前后和研究对象之间进行相互关联[①]。此外，案例研究由于其"分析概括"而非"统计证明"的特点，案例研究常常以命题或理论模型的形式

---

① 受到扎根理论的影响，也有的案例研究学者（Eisenhardt 1989）认为，案例研究在收集数据之前应该刻意避免理论假设。但 Yin（2003a）认为，理论假设是案例研究的一个重要步骤，基础理论为案例研究提供了指导性框架、研究方向。本文将按照 Yin（2003a）的建议进行探索式案例研究。

出现在研究的最后（何郁冰，2008）。

二 案例研究的分类与步骤

如表3-1所示，案例研究根据目的、数量和分析层次的不同，可以划分为不同的类型（伊，2003b；郑伯埙和黄敏萍，2008 见陈晓萍等，2008）。

表3-1　　　　　　　　　　　案例研究类型分析表

划分依据	分析层次	案例数量	研究目标
具体划分	单层次分析	单案例	探索性
	多层次分析	双案例	描述性
	—	多案例	解释性

来源：作者基于相关文献总结。

首先，从研究的样本数量来看，案例研究既可以只包括一个案例，也可以由两个或多个案例组成。单案例适合于纵向案例研究，它重视案例演化的过程，重视不同时间点上的同一案例的不同特征（伊，2003b），而多案例由于可以相互印证与对照，有助于提高研究的效度（艾森哈特，1989），增加研究结果的普适性和可信赖感。其次，从案例研究的目标来看，探索性案例主要是为了确定将要研究的问题或方案的可行性；描述性案例研究则重在将情境中的人和事件进行正确描述；而解释性案例则重在分析事情的前后联系和因果关系，以理论验证为重点（伊，2003b、许冠南，2008）。最后，从研究对象的层次来看，案例可能处于个人层次、部门层次、组织（企业）层次或产业层次（郑伯埙和黄敏萍，2008；陈晓萍等，2008）。

本章的主要目的在于通过企业访谈和档案资料分析，解析企业感知的制度环境压力，厘清企业社会战略反应和社会绩效，并探索其内在关系，以检验该问题研究的可行性和可能的理论模型，因而特别适合做探索式多案例研究。本次案例研究属于组织层次的案例分析。

案例研究既可以对现象进行初步描绘（比如描述性案例），也可以用来发展命题（如探索性案例研究），还可以验证假设（比如解释性案例）。好的案例研究，往往需要兼备信度和多重效度（郑伯埙和黄敏萍，2008，见陈晓萍等，2008）。前者主要是指研究过程的可靠性，即所有的过程具有可重复性，后者又可以分为构念效度、内部效度和外部效度：构念效度强调三角测量和证据链审查；内部效度主要关注研究变量之间确实存在的因果关系；而外部效度则重视案例研究结论的外推性。为了达到案例研究的上述信度和效度，研究需要遵循合理的步骤（赛若弄等 Tharenou et al., 2007）。

从案例研究的整体设计来看，艾森哈特（1989）的八步法最受关注。但是国内学者项保华和张建东（2005）认为，艾森哈特（1989）给出的研究步骤过于烦琐；更为重要的是，她没有强调案例研究背景的重要性。基于此，他们给出了"确定研究问题—理论抽样—收集与分析资料—结果比较—撰写报告"的研究过程，并特别强调上述步骤在实际情况中的相互重叠、来回重复甚至临时改变的可能性，而这也与著名案例研究学者新加坡国立大学的潘善琳教授2009年11月在中国人民大学案例论坛中的报告的思想一致。

综合上述学者的案例研究过程，本书将在理论背景和相关文献阐述的基础上形成理论预设和研究构思，进而实施案例选择、数据收集、数据分析等相关步骤，并通过理论模型、案例数据和理论三者匹配的原则（潘 Pan，2006）提出研究命题，为下一章的机理分析奠定实践基础。

第二节 案例探索的理论背景

随着"中国制造"在世界范围内影响力的扩张，中国的企业伦理和社会责任议题也越来越受到公众、企业家和研究者的关注。陆（Lu，2009）以中国加入WTO为分界点将中国企业伦理分为了"1978—2001年"与"2002—今"两个阶段。他认为在前一个阶段中，中国主要关心的还是经济利益的改革，社会责任还只是管理学者"纸上谈兵"，企业很少付诸实施；而后一阶段，企业社会责任从理论走向了实际，开始成为经济运营的基本模式。王（Wang，2009）也对中国的企业社会责任历程做了划分，他认为改革开放后中国的企业社会责任行动已经经历了"空白—引入—学习—参与"四个时期。然而我们不禁要问，这种变化是怎么产生的呢？企业履行社会责任的驱动因素何在？如果企业不是因为较好的社会责任会带来竞争优势，企业为什么还会产生社会战略反应呢？

从本书文献综述中可以发现，企业履行社会责任的动力机制和行动条件一直是学术界尚未厘清、存在争议的问题,以往的经济理性视角并未给这个问题带来具有说服力的解释(马姆 Marom,2006;苏布罗托 Subroto,2003)。已有研究提出,制度环境和组织合法性需要是企业履行社会绩效的关键驱动因素(里维拉 Rivera,2004;黑斯 Hess,2008),社会责任的履行情况已经越来越成为企业正当生存和合法性保持的重要依据(丹洪德 Den Hond,2007)。例如,特拉克(Terlaak,2007)对企业社会责任履行的制度环境做了类型化分析,他认为从推进方式上来看,制度环境可以区分为集中式(centralized)和分散式(decentralized)两种形式;从制度压力创造来源来讲,制度压力又可以区分为私人领域(private)和公共领域(public)两种性质。以上压力类型通过组合可以形成三种制度压力,即为"私人领域集中制度压力(例如行业惯例)""私人领域分散制度压力(例如特定的管理标准)"和"公共领域集中制度压力(如法律政策等)",而上述制度压力又在不同的社会责任行为中发挥着不同的作用。Den Hond 则从制度压力对企业社会责任履行中的合法性要求在时间维度上做了考察,他认为制度压力在不同时期分别可以从道德合法性以及道德与实用合法性两种渠道入手,对企业社会行动战略产生影响(丹洪德,2007)。

在中国社会责任驱动因素的分析中,王(2009)也和米勒(Miller,2007)、戴尔玛斯(Delmas,2008)等学者一样,将 CSR 的驱动压力指向了社会制度环境。他着重指出的社会环境压力(例如公众愿望和媒体关注等)、政治和法律环境压力(包括政法颁布的法律和构建和谐社会的相关政策)、自然环境压力、市场压力(包括供应链中的行业规范和准则等)和利益相关者压力(包括社会利益团体、工会等)都是制度环境中的象征系统、道德模板和认知模式在驱动企业实施企业社会战略、提高社会绩效过程中的具体体现。从上述关于制度压力的分析中,作者也发现,斯科特(2001)综合不同学科对制度的定义提出的三系统模型有较好的整合性和有效性,能综合上述大部分制度压力,是"企业战略研究工作者观察和测量制度变量的基准模板(吕源、徐二明,2009)"。例如,特拉克(2007)总结的"私人领域集中制度压力""私人领域分散制度压力"和"公共领域集中制度压力"即可分别对应斯科特(2001)提出的认知压力、规范压力和规制压力。

另外,从"环境—战略—绩效"的战略管理经典思维模式和伍德

(1991)提出的"社会责任原则—公司社会反应—公司社会绩效"的理论框架来看,外部压力一方面可以对社会绩效产生影响;另一方面,也是更重要的是,外部压力可能对企业的社会战略产生激发作用,并进而影响企业社会绩效。波特和克雷默(2006)也提出,社会责任若与公司战略紧密结合,能达成更好的社会绩效。因为企业社会战略反映了公司处理社会议题的实质性动作,同时也只有通过这种模式和过程,才能实现各利益相关者所希望的社会绩效。因此,社会战略反应的不同也将是企业不同社会绩效的公司内部根源,是制度压力影响企业社会绩效的中间过程。

在中国企业社会责任背景下,从制度理论视角探索社会绩效的差异性是一个崭新的课题,企业社会战略反应(How to CSR)也是理论非常呼吁的研究课题(谭 Tan, 2009;史密斯 2003)。基于上述分析,本文将以图 3-1 为理论预设,通过五个企业的探索式案例透视和厘清制度压力、社会战略反应和企业社会绩效之间的内在关系,为下一章更全面的理论阐述奠定现实基础。

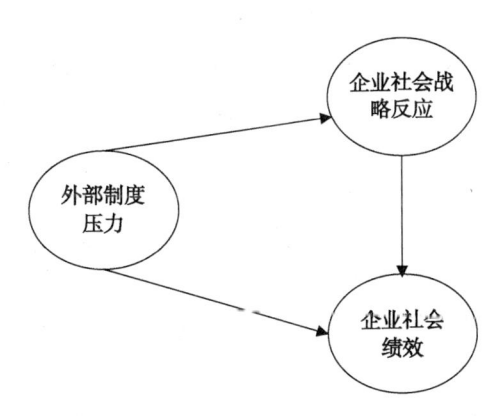

图 3-1 案例研究理论预设模型

第三节 案例设计方法论

一 案例选择

根据案例数量的不同,案例研究可以分为单案例和多案例研究两种形式(艾森哈特,1989)。单案例往往是为了证实或证伪已有的理论假设(许冠南 2008),它所选取的情景和模式往往是独特的甚至是极端的。由于缺乏多案例之间的逻辑印证和资料支撑（严和格雷 Yan & Gray，1994；伊 2003a），因此单案例形式一般不用来做理论构建式的案例研究。多案例则与单案例恰恰相反，它可以通过重复确认和相互比对等方法，增加研究结果的普适性并形成完整的理论。同时，由于企业社会责任在不同组织中常常具有较大的差异性，企业感知的制度环境也各有不同，因此采用多案例的研究方法将更有助于得出具有说服力的理论模型。艾森哈特（1989）认为，4 至 10 个案例是归纳中使用原始案例的理想个数。从《管理世界》最近两年发表的案例研究来看，选择 4 至 10 个案例也是国内学者普遍选择的研究策略。考虑到理论构建的基本要求和研究的实际操作性，参照严和格雷（1994）等学者的建议，本书选择了 5 家企业作为探索性案例研究对象。

除了案例研究的目的和数量以外，案例选择的标准也一直受到学者的关注，本书在案例选择时候主要考虑了以下因素：

（1）考虑到企业社会责任战略行为在我国企业中处于起步和发展阶段，因此选择已经有一套成熟的或正在不断进步的 CSR 战略的典型企业既是可行的也是必需的。艾森哈特（1989）和刘雪峰（2007）等学者都提出，随机选择案例是不必要的，也是不可取的，案例研究必须兼顾信息的可获得性以及企业的代表性。

（2）由于企业社会责任是各行业、各所有制形式以及各地区的企业共同面临的一项关系到公司战略目标、治理模式甚至是技术创新的基础性准则，因此本书未将艾森哈特（1989）提出的控制外部变异（Extraneous Variation）作为主要考虑因素。借鉴方刚（2008）的案例选择思路，本书重点考虑了样本企业的行业（传统与新兴产业）和企业治理性质（上市与否）的分散度。案例企业包括了制造、旅游、通信、金融和四大行业，并同时考虑了上市公司和非上市企业的 CSR 状况。

（3）借鉴许冠南（2008）的建议和何郁冰（2008）的做法，为了达到多重验证和相互对比的目的，本书所选择的样本企业的社会绩效亦具有不同的层次；同时，为了保证 CSR 相关信息和数据的可得性并在合理范围内控制研究成本，本书所选择的样本企业无论规模大小都已成立超过 10 年，并在 CSR 方面拥有相关记录。

二　数据搜集

按照伊（2003）的建议并借鉴许冠南（2008）的研究方法，本书在资料搜集中采用了以下原则和方法：

（1）深度访谈并追踪搜集相关信息。在事先预约的基础上，作者本人会同企业管理专业的另外一名博士研究生，对5家样本企业的总经理办公室、董事会办公室或企业发展等部门的主管经理进行了每次2小时左右的半结构化深度访谈（访谈提纲请见附录1）。被访谈对象在该公司从事社会责任管理工作均超过了3年，并拥有一定的管理职务，从而确保了被访谈人员能够对本公司的CSR情况有较全面、深入的了解，并拥有调用相关资料的权限。在访谈之后，作者还通过电话或者再次会面等形式，与被访谈人员进行再沟通，以补充相关信息。

（2）使用多种数据来源，提高研究的建构效度。除通过管理人员的深度访谈获取被调研企业对CSR制度环境的认识情况、样本企业社会战略和社会绩效等信息以外，作者还对企业的宣传手册、网上公开资料信息、企业社会责任报告、社会议题管理内部档案、相关出版物进行了仔细解读和分析，以期获得更全面的数据支撑。

（3）及时记录相关信息，建立案例研究资料库，提高研究信度。在访谈过程中，作者采用了"一人主问、一人主记"的访谈技巧，并在条件允许的情况下对访谈过程进行了录音①。每次访谈结束后24小时内，两位访谈人员即进行访谈内容的再现、分析、分类和编码，并将以上数据和其他渠道取得的资料统一归档到案例研究资料库，以备下一步数据分析之用。

三 分析方法

资料分析是案例研究的核心，也是最难说清楚的部分。但正如郑伯埙（2008，见陈晓萍等2008）所指出的，研究者必须小心谨慎地遵循一定的程序，才可以获得一定结果。本书采用案例研究中普遍采用的内容分析方法对资料进行归类和编码，并采用分析性归纳（analyticinduction）的方法对案例资料进行解读。首先，按照伊（2003b）的建议，对相关数据按照理论预设的模型，即按照企业感知的制度压力（包括规制、规范和认知压力）、企业社会战略反应和企业社会绩效进行数据归类。其次，根据构念

---

① 为了访谈的顺利实现，研究者在部分企业未实施录音。但研究者通过笔记的方式，对访谈过程进行了详细记录。

的定义和理论内涵，对上述资料进行子类别编码。在具体编码过程中，作者和另外一名企业管理专业的博士研究生首先一起对其中的一家公司进行共同编码，确定语干的提取技巧和相似性原则；其次由两位研究者分别对两家样本企业进行分析和编码工作；最后，再由两位研究者一起对刚才分别编码的四家企业进行数据校对与复核。以上方法，也与严和格雷（1994）的建议相一致。

在编码的基础上，本书借鉴郑伯埙（2008，见陈晓萍等 2008）的建议，并参考格拉泽和斯特劳斯（Glaser and Strauss，1967）的研究主张，采用案例内分析与案例间比较相结合的方法进行数据的分析工作，并将其作为一个分析性归纳（Analytic Induction）的过程。即通过对第一个案例资料的分析，归纳出构念之间的关系，然后将第一个案例总结出来的理论演绎到第二个案例，考察第一次得到的理论框架哪里需要修正。这是一个不断往复、寻找共性、逐渐稳定的过程，并被认为可以实现对现有理论的扩展与精炼（刘雪峰，2007），展示变量之间的关联，从而起到为后续的理论拓展做铺垫的作用（何郁冰，2008）。

第四节 案例公司简介

本书选取的 5 家企业的基本情况如表 3-2 所示。在案例研究中，尽管基伯特（Gibbert，2008）等学者认为，报告调研对象的真实名称有助于提高案例研究的信度。但本书考虑到被调研企业的要求，并参考已有相关研究的操作方法（例如刘雪峰，2007 等），未将企业名称实名化，而以英文字母代码和主营业务所处的行业名称的形式代称。以下将对案例企业逐一进行简要介绍。

表 3-2　　　　　　　　　案例企业基本情况

企业英文代称	所在行业	成立年限	员工数量	所有制属性
HSG	旅游	13 年	2000 人	民营企业
ZM	通信	12 年	1000 人	国家控股
MSP	制造	20 年以上	1500 人	民营企业
CIB	金融	10 年	1000 人以上	混合所有制
CPL	制造	15 年	600 人	外资控股

来源：作者根据访谈资料整理而成。

一　HSG 旅游公司简介

HSG 旅游是国内较大的民营旅游投资公司，目前已初步形成了旅游、房产、酒店三大主营业务。主题公园是 HSG 旅游的核心业务，房产和酒店是 HSG 旅游的两翼。经过多年的发展，HSG 旅游成功打造了具有一定影响力的游乐主题公园，形成了一套城市休闲旅游和文化娱乐配套的运作模式。HSG 旅游公司经营业绩近年来持续增长，品牌和效益均在一定区域内处于领先态势，获得过"中国热点旅游胜地"等荣誉。

二　ZM 通信公司简介

ZM 通信公司是某境外上市公司的子公司，是地区通信服务的提供商之一，主要经营语音、数据、多媒体、IP 电话及互联网接入等移动通信业务，拥有较高的国内知名度。近年来 ZM 通信公司大力发展政府、企业和农村信息化，积极构建客户导向的卓越服务体系，经济效益保持稳定增长，并获得了"全国质量效益先进企业""全国客户满意企业"等荣誉称号。

三　MSP 制造公司简介

MSP 制造公司是一家老字号的大型制药骨干工业。公司以原料药为基础，制剂药为重点，研发、生产高科技、高附加值的产品。MSP 制造公司的多项生产品种和设施通过了 GMP 认证，并有若干原料药产品通过了美国 FDA 认证。该公司产品在抗肿瘤和心血管疾病领域享有较好的声誉，还被政府有关部门确定为高效化学原料及各种类型制剂的研究和生产基地。

四　CIB 金融公司简介

CIB 金融公司是某上市金融企业的地区性分支机构，已经成立 10 余年，现已在某省设有 10 余家直属分支行，共有营业机构 40 余家，自助银行 100 余个。近年来该公司存贷款年增幅均达到 30% 以上，存贷款年均增幅均高于全省平均数十多个百分点，存贷款规模在本公司国内各分行中名列前茅。CIB 公司曾获得"全国金融系统文明建设先进单位"等荣誉称号。

五　CPL 制造公司简介

CPL 制造公司是美国某制造集团在中国的合资企业，主营瓦楞纸板、纸箱、彩盒等包装业务，并提供一站式的包装解决方案。公司拥有从德国、美国、法国、意大利引进的具有国际水准的先进设备，并充分利用外资企业先进的管理理念，逐渐与世界著名企业及国内一流企业建立了合作伙伴关系。CPL 制造公司生产的纸箱曾获得"省名牌产品"称号。该公司目前正在积极推行 ISO14000 环境管理体系认证。

第五节　数据分析

本节将对五个案例中所收集的数据进行编码和归类，用定性的数据分别对每个案例中的制度压力、企业社会战略反应以及企业社会绩效进行描述与评估，为下一步深入分析变量间关系奠定基础。

一　制度压力

按照新制度理论的观点，组织的行为决策并非都是经济理性的结果，组织在社会中的合法性是影响其行动决策的关键因素（迪马吉奥和鲍威尔，1983；斯科特，1995），组织合法性蕴含于外部环境的规范、价值观和习惯等要素之中（迈耶和罗恩，1977；里维拉，2004）。基于上述逻辑，本书所谓的制度压力可以理解为外部社会的合法性建构过程和制度型塑作用。本书借鉴斯科特（2001）在迪马吉奥和鲍威尔（1983）、朱克（1987）等学者研究基础上总结的包括规制压力、规范压力和认知压力在内的综合性框架来阐释企业在社会责任管理中感知的制度压力，通过与五个案例企业相关部门经理人员的访谈，本书将案例企业的制度压力数据编码整理如表 3-4 所示。

二　企业社会战略反应

企业社会战略反应是企业内外部制度压力下社会行动的过程和能力，它是"社会责任和社会议题背后的模式和过程"，体现了"公司回应社会压力、引导管理者执行社会政策的能力"（卡罗尔，1979、沃特克，1985），并对企业社会绩效的高低产生重要影响。丹尼斯-丹尼斯

(2002) 认为企业社会战略反应包括确定利益相关者、分析利益相关者的需求、选择合适的 CSR 战略模式、制定规划、具体执行、绩效评估六个过程。但考虑到国内企业的社会战略起步不久，社会战略的专业化程度与国外公司有一定差距等现实情况，本书在借鉴赫斯特德（2007）的基础上将企业社会战略反应模式确定为整合社会计划、激励员工参与、评估社会绩效三个维度，并通过本案例研究的深度访谈、公司社会责任报告、社会行动内部预案分析等途径，进一步确定了以上三个维度。表 3-5 是对五个访谈企业的社会战略反应的数据分析和编码结果。

三 企业社会绩效

企业社会绩效是企业社会责任履行结果的体现，是企业在制度压力影响下企业实施社会战略后的结果，一般从利益相关者角度进行评估（迈尼昂，2001；金立印，2006；郑海东，2007）。本书主要从商业责任、环境责任、产品责任和员工责任等维度对调研企业的数据进行分析，具体如表 3-6 所示。

四 案例数据信息评估汇总

在数据编码和描述分析的基础上，作者与另外一名企业管理博士生针对各企业感知的制度压力、企业社会战略反应和社会绩效情况进行了评判打分。打分过程采用定性研究常用的"高、中高、中、中低、低"五档分类法（克雷斯韦尔 Creswell，2003），并按照"分别打分—比较差异—协商统一"的步骤进行（如表 3-7 所示）。在具体打分过程中，作者采用了同类横向比较法和关键词分析方法。即在同一子类别中，着重寻找相应的标杆性或特殊性做法，突出共性、寻找差异，比较企业在该行为中的资源、人员和时间等方面投入的异同，从而尽可能地挖掘出可信的定性结论。

第六节 进一步讨论与初始假设命题提出

在数据归类、编码和评估的基础上，本节拟将五个案例企业的各组变量进行对比分析，从而归纳出企业感知的制度压力、企业社会战略反应、企业社会绩效各变量之间的相关及因果关系，并提出研究命题。

表 3-3　案例企业感知的制度压力

	HSG 旅游	ZM 通信	MSP 制造	CIB 金融	CPL 制造
规制压力	政府对于企业参与市场竞争的法律、政策有所完善；公司正在积极筹备准备上市，证监会对上市公司在税收、信息披露、旅游开发对环境的影响等方面制定了一整套规定	无论是国家还是地方政府近年来都把国有企业的社会责任问题摆在重要位置，政策导向明显。对于我们上市公司在员工、公益和商业经营中的规范非常具体。《劳动法》等法律法规对于员工利益的保护越来越强化	本市政府实施环保模范城市创建工程，制定了一系列环境治理措施；国家药监局经常通报行业内的环境治理的负面典型案例，国家对食品安全的监管力度加大	政府的信贷政策对低能耗、绿色环保产品的扶植和推动力量较强；省银行业还出台了"商业银行企业融机构履行社会责任指导意见"	政府对环境、员工和商业伙伴等法律法规逐渐完善，政府相关部门偶尔会来公司检查
规范压力	行业协会制定的行业规范在公平竞争和保护消费者合法利益上影响力一般，消费者协会和媒体对消费者利益的有一定的监督作用	公司基站周围的社区居民对环保和辐射问题给予了密切关注；媒体和网络对于企业社会责任既有监督又有合作；通信行业协会也制定了严格的行业环保准则	本行业普遍实施的ISO14001操作标准规范了企业的清洁生产和环保措施；本行业不仅推行药品质量标准（GMP）还逐渐采用美国制药质量保障体系	本公司所在行业协会已发布了企业社会责任指引，对企业的CSR有指导和规范作用；本公司与西班牙等国家的投资机构有合作，这些合作方重视企业社会责任	行业协会对于企业间的公平竞争以及产品质量标准影响力较有限
认知压力	企业认为近年来民众对企业履行社会责任的期待和呼声渐强，但公司并不认为其他会协会和媒体对公司的社会责任行动对本公司有多大的影响	企业发现公众对于不同行业和规模的公司各有其标准；本公司在与跨国公司接触的过程中了解到琼斯世界可持续发展指数在世界上具有广泛影响力；在一些灾害事件中，公司会密切关注其他公司的抗灾投入和社会责任履行状况	本公司是一家老牌制药企业，在行业中知名度较高，因此消费者的质量投诉以及生产车间周围的空气质量投诉较为关注	公司领导参加了部分由政府或行业协会举办的社会责任论坛和会议，本行业中的指导企业已经发布了社会责任宣言或报告	本公司是外投控股企业，在社会责任管理方面得按照国外同行的做法，规定得较为细致

来源：作者根据访谈资料整理而成。

第三章 制度压力影响企业社会绩效的探索式案例研究

表3-4 案例企业的社会战略反应

	HSG 旅游	ZM 通信	MSP 制造	CIB 金融	CPL 制造
整合社会计划	将企业利益与社会需求和城市发展相联系；通过相关部门及时了解各利益方的需求和呼吁；设置了"先行赔付制度"和"首站解决制度"	对企业社会责任有清晰的定位、责任观、责任愿景和建设方针，确定了公司社会责任建设三年规划，制定了社会责任生命文化、绿色、农村、志愿"五大工程；与地方政府和高等院校开展CSR研究工作	公司每年有社会责任专项预算，建立了专项基金或慈善公益性支出，并做年度评估；安排相关部门协商制度保障员工合法权益	公司建立了"真心实意为员工服务"、"超越客户的社会责任理念"期望"的社会责任理念；运用信贷手段促进企业承担环保责任	建立了安全生产考核制度、员工培训计划；但并未将社会责任融入经营的各环节
激励员工参与	员工通过苦训加深了对CSR的理解；集团通过文件传达、会议和领导带头等方式，激发员工对消费者利益和社会公益的参与	将社会责任管理向一线员工展开，建立了CSR事件申报、咨询、统计、归档等职责；通过全员参与和持续改进完善社会责任管理的组织流程体系；发动营业人员做好社会责任的外部宣传工作	每年抽出固定的时间，投入专项资金对员工进行环保、产品质量培训；建立学习型组织和评选机制；通过资料发放、学习和讨论等形式加强员工的环保和质量意识，提高其操作技能	通过领导发言，内部网络以及员工培训等渠道传递社会责任理念和行动倡议；初步建立了"观念培养—员工提议—集体行动—总结提高"社会议题管理模式	公司在遇到社会责任突发问题后举一反三，通过定期培训加强员工产品质量和生产安全的意识教育
评估社会责任	设置了"环保三级考核制度"，按既定流程进行考核；注重游园设备供应商的资质，建立了筛选程序和日常安全检查制度	公司加强内审内控机制，营利或非营利机构建立了长期联系，实施了多项CSR咨询和评估项目；公司已连续数年向外界发布CSR报告	按照国家高标准进行产品质量评估；制定了环境管理文件和一个环境宣传三年册，并从去年开始发布企业社会责任报告	对员工和顾客等其他利益相关方的意见和建议给予相应的物质和精神奖励；进行社会责任建设总结并形成会议报告	引入了环境、健康和安全（EHS）管理体系，并建立了内审机制，定期进行评估

来源：作者根据访谈资料整理而成。

表 3-5　案例企业的社会绩效

	HSG 旅游	ZM 通信	MSP 制造	CIB 金融	CPL 制造
企业社会绩效	经济危机以来公司不仅没有裁员，还涨薪，并吸收了大量就业困难群体就业；为城市旅游发展做出了一定贡献；员工薪酬处于中等偏上水平，公司福利较为完善；公司就业和分行业内对行业发展有较大贡献	公司累计上缴各类税收数百亿，是县省内纳税大户；通过建立扁平化的社会营销渠道，创造了大量就业机会；通过信息化建设，助力本地信息经济发展和本省经济社会的和谐与持续发展；客户满意度一直保持在行业内领先水平，近年来客户满意度均处于 80 分以上；员工满意度从 2005 年的 65.7%提升到了 2008 年的 77.5%；近年来累计回收废旧手机 20445 块，废电池 2555 台，总公司和分公司分别实施数十个节能减排项目；智慧路灯系统节省了大量能源消耗	企业员工拥有较完备的劳动保护和职业病安全保障；公司与乡村结成了扶贫帮困的对子；发挥制药行业特色多次为灾区输送了药物或多种特色的药物；客户赢得了广大消费者的信任；客户满意度非常高；2005 年以来废物减少了 10%，生产废物回收率提高 30%，废物削减 30%，万元产值能能耗持续下降	不良贷款率较低，资产质量达到国际先进水平，累计创利数十亿元；差错率低，反映本公司的服务品质；客户专业，荣获全省"最佳金融品牌"称号；公司定期组织员工疗养；分批组织员工疗养；在多项公益事业项目中有积极表现	公司产品质量较好，获得客户好评；公司环境保护和员工安全问题有所改善

来源：作者根据访谈资料整理而成。

表 3-6　案例企业感知的制度压力、公司社会战略反应与社会绩效水平

评估构念及维度		HSG 旅游	ZM 通信	MSP 制造	CIB 金融	CPL 制造
制度压力	规制压力	中低	高	中高	中	中
	规范压力	中低	高	高	中高	低
	认知压力	中低	高	中	中	中
社会战略反应	整合社会计划	中低	高	高	中	中低
	激励员工参与	中	高	中高	中	低
	评估社会绩效	中	高	中高	中	中
企业社会绩效		中	高	中高	中高	中低

来源：作者根据访谈资料整理而成。

一 制度压力与企业社会战略反应

本书在理论预设中提出的企业感知的外部制度压力与企业社会战略反应的正向影响关系在五个探索性案例中得到了支持和验证。如表 3-4、表 3-5 和表 3-6 所示,HSG 旅游公司尽管认识到政府对于企业参与市场竞争的法律、政策有所完善、民众对于企业履行社会责任的期待和要求越来越高,但与 ZM 通信和 CIB 金融两家公司相比,他们感知的规制压力还处于宏观和整体层面,其感知的国家对本行业甚至本公司的具体规范措施不具体,强制性不足;同时,HSG 旅游业并未明显感知到行业协会制定的行业规范在促进产品安全和质量、公平竞争以及保护消费者和员工利益上的推动力量。相应地,HSG 旅游公司在企业社会战略反应上也只是中度参与,尽管它设置了"先行赔付制度"和"首站解决制度"来及时处理消费者利益,也通过环保三级考核和供应商资质筛选程序来处理环境问题和服务质量问题,但以上反应模式不免存在两个问题:第一,社会定位和利益相关者评估不足,有"临时应付"的可能性;第二,在员工参与中激励机制和教育培训制度建立有待完善。类似地,作为一家中外合资企业,CPL 制造公司感知到了同行模仿的认知压力,但它与 MSP 制造企业相比,组织感知的规制压力明显较弱,既未感知到行业规范在产品质量、环境保护和商业责任方面的专业标准压力,也并未感知到政府部门对本行业社会责任方面的惩罚、鼓动或激励措施;与此同时,CPL 制造公司在企业社会战略反应中也只体现了中低度参与的水平,与 MSP 制造和 ZM 通信相比,并未将社会责任融入公司定位和经营的各环节,社会责任战略的创新性和整合性较低。

作者发现,以上两家企业感知的中低水平的制度压力和中低程度的社会战略参与的关系与赫斯特德(2007)和米切尔(Mitchell, 1997)提出的利益相关者凸显性及其公司战略反应模式的关系相对应,同时也反映了斯巴尔和缪尔(2003)等学者提出的政府和非营利组织在推动公司社会战略中的扮演了重要角色的论点。国内学者郁建兴等(2008)也类似地提出,经济因素决定了实现社会责任与企业需求结合的可能性,而非经济因素(制度性因素)则影响着两者结合的程度。以上逻辑关系从 ZM 通信公司强烈的制度压力感知(例如国际同行的通行做法、行业协会的监督机制等)和高度整合的社会战略反应(例如制定了社会责任规划、CSR 流程管理和长期评估、社会责任工程建设等）中也得到了很好的体现。因此，本书提出如下初始命题：

命题 1：企业感知的外部制度压力对企业社会战略反应有正向影响的关系。

二 企业社会战略反应与企业社会绩效

接下来，本书检查理论预设中提出的企业社会战略与企业社会绩效之间的关系。如表 3-4、表 3-5 与表 3-6 所示，CIB 金融公司的企业社会战略反应处于中等程度，该公司已经建立了"真心实意为员工服务""超越客户的期望"的社会定位；与此同时，将社会责任价值观与公司信贷业务紧密衔接，通过两高（高能耗、高污染）控制、绿色信贷检查、和环保跟踪等方式，推动低碳经济和绿色 GDP 发展模式；此外，CIB 公司还通过内部网络、员工培训等渠道，在内部传递社会责任理念和行动倡议，初步建立了"观念培养—员工提议—集体行动—总结提高"社会议题管理模式。但在社会绩效评估维度上，CIB 金融公司的意见吸收、报告总结模式与 ZM 通信公司形成的 CSR 第三方评估，并连续数年按照全球报告倡议组织 G3 版标准发布 CSR 报告等工作相比还处于中等水平。与此相对应，CIB 金融公司的企业社会绩效也处于中等偏高的水平。例如在商业责任方面，该公司的不良贷款率较低，资产质量达到国际先进水平；在消费者责任维度，它赢得了客户"服务专业、差错率低"的评价；此外，CIB 金融公司"两高（高污染、高耗能）"项目贷款仅占全部贷款总额 2% 的水平也诠释了较高水平的环境绩效。从上述变量间的关系可以看出，公司的社会绩效受到了公司社会责任意识、社会责任与公司经营整合程度、员工的激励程度以及社会责任的评估措施的正向影响，社会战略是推动社会绩效的实质性反应。这也正如巴苏（2008）所阐明的，公司的社会战略会有不同的姿态和整合方式，组织采用的是防御性的、试探性的还是开放性的社会战略模式，以及是否与业务战略整合的社会反应选择都会对企业社会绩效产生重要影响。

不仅在金融行业，在制造业企业 MSP 的数据分析中，我们也可以找到类似的关系。该公司设立了社会责任专项预算和专项基金（前者每年常设后者由总经理根据具体事件提议），并通过建立学习型员工等形式，投入资金、人员和时间对员工进行环保、商业信誉、产品质量等社会责任相关内容的培训工作，还按照环境质量标准、工资协商守则对相关工作进行年度评估。因此，从横向比较来看，MSP 制造公司的社会战略反应比 CIB 金融公司和 HSG 旅游公司更主动和持续，并不只处于一种表面水平（阿奎莱拉，2007）。与之相对应，MSP 制造公司的企业社会绩效也达到了中高水平，并且其社会绩效也与公司技术优势和行业特征紧密联系在一起。例如，该公司不仅在劳动人事管理中恪守相关法律，还形成了完备的劳动保护和职业病安全保障，并给予员工进一步学习和发展的机会；同时公司的诚信经营赢得了政府、供应商和消费者的普遍称赞，获得了"国家和谐劳动关系优秀企业、优秀诚信企业"等荣誉称号。在环境绩效方面，该公司也有较好的表现，例如 2005 年以来 MSP 制造公司万元产值 COD 排放量减少了 10%，生产废物削减了 30%，废物回收率提高了 30%。

正如格林宁（1992）和郑海东（2007）所提出的，以往研究过度关注了企业社会绩效的结果，但对社会绩效实现的过程、企业社会议题管理的能力和反应程度研究不足。本书借鉴扎待克（Zadek，2004）对 NIKE 公司社会战略反应的案例研究模式，基于上述案例数据分析，得出如下初始命题：

命题 2：企业社会战略反应对企业社会绩效有正向的影响关系。

三 制度压力与企业社会绩效

现在本书考察理论预设中提出的制度压力与企业社会绩效之间的关系。从表 3-4、表 3-5 和表 3-6 可以看出，HSG 旅游公司感知的制度压力主要来自政府的强制性措施，例如环保评审和公司上市所需要的信息披露要求等，但该公司并未认知到行业协会的影响力以及行业标准与其他企业的社会战略反应和社会绩效水平对本公司的影响力。而 ZM 通信公司则恰恰相反，该公司不仅感知到政府和法律对企业履行社会责任的导向性意见，还发现社区居民、媒体和网络以及通信行业协会制定的行业准则对企业全面履行社会责任起到了不可忽视的监督和指导作用，尤其是 ZM 通信公司在与跨国公司及本土同行学习和交往中明显感受到了一种模仿和趋同压力。在企业社会绩效这一方面，作者也发现了企业间的高低差异。从表 3-6 可以看出，HSG 旅游公司的社会绩效主要体现在员工和商业两方面，但并未注意到产品和环境绩效，其整体社会绩效也只处于中等程度；但 ZM 通信公司则在客户和员工满意度、行业发展、环保节能等各方面均有建树，其整体社会绩效近年来得到了各利益相关方的普遍好评。

通过 ZM 通信和 HSG 旅游两家企业的制度压力和社会绩效关系的分析并扩展至其他三家企业，我们都较为明显地发现了理论预设中提出的制度压力与企业社会绩效之间的正向影响关系。同时，以上证据链也与新制度主义理论的建构逻辑相一致，可以认为，"制度建设的不足是中国等新兴经济国家企业社会绩效不高之重要原因"的观点已经得到越来越多研究者的认同（谭，2009）。彭（2009）也指出，企业社会责任问题是应用战略制度基础观分析的最佳选题之一；胡美琴、骆守俭（2008）也提出，企业的环境绩效会因为制度压力的差异而不同，而其中的核心因素是在制度压力下组织会产生保持、维持或修复组织合法性的紧迫性。相应地，在本案例中我们不难理解，HSG 旅游公司与 ZM 通信公司在制度压力（主要是规范压力和认知压力）上的不同感知将对其各自的道德合法性和关系合法性之紧迫性产生不同认知（斯科特，2001；约翰 John，2005），从而导致其社会绩效的差异。

基于上述分析，本书提出如下命题：

命题3：企业感知的制度压力对企业社会绩效有正向的影响关系。

第七节　本章小结

本章通过对国内五家不同行业和不同所有制公司的探索性案例研究，应用案例数据、理论阐述和模型构建三者相互印证的案例研究方法（潘，2006、郑伯埙，2008，陈晓萍等2008），探究了企业感知的制度压力、企业社会战略反应和企业社会绩效之间的逻辑关系，认为外部制度环境对企业社会战略反应和社会绩效都将产生正向影响，而社会战略反应也会正向影响企业社会绩效。

以上初始命题渊源于相关学者的早期理论探索（尤西姆，1988、格林宁，1992、黑斯，2002 等），既为社会责任研究的制度与战略两个视角及其融合提供了实证基础，也是本书下一步进行全面理论阐述的探索和假说。当然，由于案例数量和定性测量等因素，本章提出的三个初始命题在外部效度上有待进一步验证。因此，本书第四章将对以上研究构念的维度进行细分，基于相关理论和文献基础对其进行更为深入、全面的分析，以丰富本案例已提出的理论模型，并提出更为明确的研究假设。

第四章

制度压力与企业社会绩效：内在机理与理论模型

从上一章的探索性案例研究中，作者初步提出了制度压力对企业社会绩效具有正向影响的命题，并且认为这种影响是由制度压力正向影响企业社会战略反应，企业社会战略反应进而正向影响企业社会绩效的机制来实现的，也就是说，企业社会战略反应在其中可能承担了中介作用。但制度因素和社会责任战略反应对企业社会绩效各自的影响机制是什么，各种不同的制度压力影响企业社会战略反应进而影响企业社会绩效的内在机制究竟有何共同点和不同点，企业的竞争文化导向和人文主义文化导向对上述关系是否会产生调节影响等问题还有待深入发掘和分析。因此，本章将针对以上问题，基于现有文献进行深入探讨，从而提出本书的研究假设和整体概念模型。

第一节 制度的约束、组织合法性追求与企业社会责任

新制度理论是分析组织间关系的一个重要视角，它认为制度环境塑造与加强了制度规则和信念，并着重关注了组织与外部制度环境保持一致、遵守外部规则与规范的价值与适当性（奥利弗，1991；迪马吉奥和鲍威尔，1983）。尤其当外部的规则和规范获得了社会事实的地位，组织可能会忽略个体私利而参与到该规则和规范要求的行动中去。例如企业采取的产品召回和污染治理等措施，或是拒绝商业贿赂等行为，都可能不是由于直接的利益影响，而是由于被"早就普遍接受的制度化的价值或行动"（奥利弗，1991）所调动。

一 制度理论的基本逻辑

经过三十年的发展，新制度理论已经成为战略管理和组织分析的重要

视角,它凸显了理性神话、合法化的知识、专业人士、公众意见、法律与政策等环境要素对组织行为的影响,强调了符号系统、文化脚本和心智模式(基于认知的观点)在组织行为中的形塑作用(鲍威尔、迪马吉奥,2008;斯科特,2001),并以组织合法性作为其论述的基石。

(一)制度理论的凸显及其特征

越来越多的学者将研究主题定位于制度视角,试图分析组织行为的压力来源及其对组织产生的同构性影响(达西,2002;布瓦拉尔,2007)。同时,许多研究证据也表明,不仅仅是经济理性对企业的经营策略发生着支配作用,降低环境不确定性、获得社会合法性以及保持利益相关者的认可也是组织生存和发展极为关键的支配定律(克斯托瓦和查希尔 Kostova & Zaheer,1999)。同时,我们也可以从格兰诺维特(Granovetter,1992)对"社会嵌入性"观点的延展中发现,"嵌入性"可以和制度理论结合到一起——因为制度的本质就是一种"凝结了的网络(congealed networks)"。在此基础上,格兰诺维特(1992)还提出了三个"嵌入性与企业非经济目标以及企业被动式行为模式"的新经济社会学论点。此后,斯科特(2008)进一步提出,作为一类要素的制度系统[①]已经给组织带来了许多重大变化。例如,"组织环境的显著特征被重新定义、单个组织如果想要获得支持和合法性就必须遵从这些规则和要求";"组织如果与一些广为接受的信念保持一致,就能增加它们的合法性和生存能力"。斯科特的上述观点在同时期的研究中也得到了证明,许多企业的决策行为实际上都受到了外部制度压力的强力推动。例如特奥(Teo,2003)发现制度压力对组织间信息系统的采用起着决定性作用,兹格里普斯(Zyglidopoulos,2009)发现了外界媒体负面评价对公司 CSR 的影响。

(二)组织合法性对企业的影响

新制度理论突出和强调了社会认知系统,认为社会结构决定了组织行动的角色和规范(斯科特,1995、杜运周等,2008),由于人们决策时有限的知识基础以及环境的不确定性,个人往往难以依靠自身经验来判断组

[①] 需要注意的是制度理论本身也具有多面性,斯科特(1987)曾做出四种制度理论的区分,即"1. 作为价值输入过程的制度;2. 作为创造现实过程的制度化;3. 作为一类要素的制度系统;4. 作为独特的社会领域的制度"。本书关注的则是第三类制度理论,在该制度视角中,许多资源的实体被理解为是制度化的,它们的存在与功效"在某种程度上超越了任何单独的参与者或者组织的判断力"(迈耶和罗恩,1977)。

织的价值和可接受性（杜运周等，2008），这就引出了制度理论的核心概念——组织合法性。新制度理论认为，社会参与主体在学习其自身角色和被期望角色的过程中，逐渐理解了什么是适当的和有效的行为类型、什么样的程序和行为可以被社会接受。因此，组织合法性是一个社会建构的制度框架中的行为被认为是有希望的、正确的和适宜的普遍感受和假设（萨其曼，1995）。作者认为，无论是在科层式组织对秩序存在合理性的影响中，还是在权利正当化过程中，合法性都为组织创造了一致性和可接受性（斯科特，2001）。因此，组织合法性对于组织的生存和发展具有很强的社会约束性，是企业决策和社会性行动的重要导向。张玉利、杜国臣（2007）认为，尽管有的企业的产品创新性很强，但也可能由于非技术性或非效率性的因素而未被市场和消费者认可；如果特定制度背景下的社会价值观、伦理规范没有理解和接受公司的创业行为，那么该公司就可能出现合法性问题。曾楚宏等（2008b）也提出，获取合法性是新创企业快速成长的关键。盛南、王重鸣（2008）更是把脚本合法性归为公司社会创业必须满足的三个核心维度之一。

除了在创业方面，合法性作为一个多维的概念，还重点关注了商业活动的适当性和伦理标准，即对企业的社会性行为、环境管理和企业非市场战略等行为也发挥着重要影响。例如丹尼斯-丹尼斯（2002）在分析跨国公司海外生存的重要因素中，着重强调了生态、政治和社会要素，认为公司必须获得当地政府和公众的信任和保护、拥有社会认可的合法性水平，才能使利益相关者相信公司在战略决策时有伦理原则。巴苏（2008）认为公司经营时除了考虑本身的组织身份导向之外，还需要重点关注包括实用合法性、认知合法性和道德合法性在内的多重合法性要求，并需要企业时刻关注外部的规范和责任以及那些可能并不明说的公众意见（杨Young，2003）。在社会责任和行动方面，贾马利（Jamali，2007）通过在黎巴嫩这个发展中国家的多案例访谈后发现，在伍德（1991）提出的指导企业履行CSR的三个原则（即制度层面的合法性原则、组织层面的公共责任原则以及个人层面的管理者个人自由裁量原则）中，合法性原则是被访谈企业提及最多的；几乎所有案例企业中的高级经理人员都认为社会制度和企业义务是相互依靠的，在一个共享的环境中企业对于外部利益相关者的关心对于保持合法性和被信任程度十分重要，因此企业社会责任成为他们持续经营的有效"执照"。

综合上述分析作者注意到，合法性不是企业自身所具有的属性，而是由利益相关者授予或者加于企业的，它来源于客观又形成于主观，形成于包括政府规制、文化规范和公众认知在内的整合性制度环境，因而是一种社会性的集体建构和共同评价。还值得关注的是，有关合法性的研究，以往学者已经形成了战略和制度两种分析视角。例如，杜运周等学者（2008）认为，20世纪90年代以前，制度学者主要坚持了鲍威尔和迪马吉奥等学者的认识，认为组织通过接受环境的规则、规范或者通过仪式化的行为来获得合法性，而且这些行为或规则不以经济效率为原则，只强调这种规则的普遍性和必要性（托尔伯特和朱克，1983）；而此后许多战略理论的研究者开始用更积极和更符合现实的逻辑来看待组织合法性，认为组织主要应该关注的是对组织声誉和生存能力有关键影响的制度构成者的制度观，并可以通过主动合法化行为来获取合法性（齐默曼和蔡茨，2002）。曾楚宏等（2008a）也提出，组织合法性研究形成了相互联系又有所区别的制度和战略视角。在本书中，作者主要还是遵循合法性的制度观点，在接受和发扬组织在制度压力下能动性的前提下，将组织合法性更多地看作一种结构化的信念机制，而非需要投资的资源，组织的首要目标是使自己变得合乎常理并有意义（曾楚宏等2008a）[①]。当然，本书也注意到外部制度压力下企业的能动反应和战略规划能力，并将在下文分析中突出企业社会责任研究中制度和战略的融合特征。

---

① 组织合法性的战略观与制度观的对比分析也与奥利弗（1991）的组织资源依赖和制度约束的对比分析相接近。奥利弗（1991）指出，尽管制度理论与资源依赖理论都认为组织行为都受到外部压力的限制（弗里德兰和奥尔福德 Friedland & Alford，1987；普费弗和萨兰西克 Preffer & Salancik，1978）、都面对不确定的环境，组织必须满足外部的需求与期望以求的生存（迈耶和罗恩，1977；普费弗和萨兰西克，1978）。但资源依赖与制度理论在压力、运作和动机等多方面存在差异。简单来说，第一，资源依赖强调任务环境，认为外部人员控制了稀缺资源，而制度理论则强调规则和信念的塑造，强调与外部制度环境保持一致与遵守外部规则与规范的必要性与适当性；第二，资源依赖理论主要聚焦于为了能控制外部依赖性或对于重要资源的分配产生影响这一目标（普费弗和萨兰西克，1978），而制度理论主要关注了普遍接受的规则和信念影响下的非选择性行动，当外部的规则和行动获得了社会事实的地位，组织会参与到个人私利并不保证的行动中去（例如企业社会责任与企业良好形象的保持等行动等），企业可能是被普遍接受的制度化价值或行动而不是利益所配置，是为了更好的合法性而采取伦理的负责任的行动。以往经济理性视角下的 CSR 研究更多地关注了资源依赖视角，本书拟从制度理论加以分析。

二　制度环境对企业行为的影响

（一）制度压力与企业社会责任行为

组织的行为很容易受到外在环境的型塑和调节，基于认知和符号的行动给组织带来的往往是超越了企业效率或效益得失的组织合法性（迈耶和罗恩，1977），因此米勒（2007）也就此总结认为，企业的 CSR 行为其实也是获得组织合法性的一种符号性行为，它受外部制度压力促发，并包含了社会契约、符号行动和专业人员角色三方面重要议题。

近几年来，企业社会责任的内涵和外延得到了的丰富和扩展，包含了"从环境损害最小化到为社会创造更多价值"、"从如何成为社会利益的代理人到如何开创一个社会战略"等一系列主题（谭，2009、麦克威廉斯，2006、史密斯，2003）。这些社会议题的丰富也使制度或非经济因素在有关企业和环境关系以及企业利益相关者管理的文献中变得更有研究价值。例如，马奎斯等学者提出，企业社会责任是由文化、制度和政治等力量共同推动的（马奎斯，2007；班萨尔和罗斯 Bansal & Roth，2000）；罗利（Rowley，2003）运用社会运动和社会身份理论在考察外部利益相关者何时行动时提出，因为人类的行为是可变的（Varied）并且多变的（Variable），所以在考察企业行为时，除了关注利益以外，还必须把社会行为中的身份、角色集、价值观考虑在内。

此外，密歇根大学的学者黑斯在不同时期关于企业社会行动（Corporate Social Initiatives）的研究论文也很好地体现了外部制度力量在企业社会责任行动中影响力的增加。黑斯 2002 年在《加利福尼亚管理评论》上撰文认为，驱动企业对利益相关者负责、履行社区责任的动因主要是竞争优势因素、比较优势因素和新道德市场因素。从黑斯对 CSR 的特点与三种竞争市场因素的对比中我们可以发现，这一时期黑斯只将 CSR 行为与企业价值创造、产品差异性或者营销工具相联系，CSR 的经济理性观是该文的核心要素。但黑斯 2008 年发表在《企业与社会评论》的另一篇关于 CSR 的论文则已经修正和完善了其原有论点，注意到了制度要素对于企业实施对社会有意义行动的重要作用，并着重强调了趋同力量、规范力量和资源依赖三种机制的影响方式。

更进一步，通过建立制度场域与组织结构、组织文化和组织实践的紧密联系，霍夫曼（2001）将组织行为与场域动态模型紧密结合，说明了合法性追求下的社会理性并不是严格的环境决定论,而是众多合法性选择集中的一个;同时霍夫曼明确了政府机构、宗教团体、学术机构、贸易组织、社会行动倡议者等拥有的特定权利和能力能影响公司的行为规则和规范,较为透彻地解释了它们在公司环境管理和实践中的特定作用。

综合上述研究,并结合学者 Delmas 的观点我们认识到:一方面企业外部制度环境、特别是与组织有竞合能力的制度构成者(赫恩特德,2007)成为企业社会性行为的关键触发点;另一方面,由于每个公司的结构、战略定位、文化和规模的不同,又因为各种制度需求之间也存在竞争性(戴尔玛斯,2003),因此不同企业对外部制度压力的感受性(Receptivity)也可能不同(戴尔玛斯,2008),组织可能根据企业自身的情况来吸收、理解和反应(霍夫曼,2001)。

(二)不同区域制度对企业社会行为的影响

不同国家和区域中企业社会责任的形式和程度的不同也体现了制度环境对企业社会性行为的影响。马顿和穆恩(Matten and Moon,2008)发现,同样是发达国家,企业社会责任在大西洋两岸的欧洲和北美有着许多差别,例如有53%的美国公司在其公司网站上会明确提到"公司社会责任",而这个比例在法国和荷兰却分别只有29%和25%(迈尼昂和罗尔斯顿,2002)。除了在 CSR 语言使用方面,科尔克(Kolk,2005)还发现1995年到2005年期间,国际咖啡市场中一共有15家咖啡公司实施了自愿行为守则(Voluntary Codes of Conduct),但其中属于欧洲的公司只有两家;同时,美国公司的社会捐赠也大大多于英国同行(布拉默和帕维利奇 Brammer & Pavelin,2005)。基于传统制度框架和国家商业系统,马顿和穆恩(2008)把上述 CSR 的"形式和本质"差异归结为北美和欧洲两个大陆不同的财政系统、政治系统、文化系统、教育和劳工系统和沟通与控制系统以及两个大陆对于公司本质的不同看法。也就是说,继承历史而来的国家制度框架和公司场域氛围的差异分别导致了欧洲模糊(Implicit)的 CSR 风格和北美明晰的(Explicit)CSR 风格。此外,阿奎莱拉(2007)在探讨影响企业社会责任的多层影响因素时也提出,国家可能通过竞争机制、社会凝聚与集体责任等渠道影响公司的 CSR 行为。

值得关注的是,国家制度环境不仅会在地理维度上对企业社会性行为产生差异性影响,还将深刻地体现在跨国公司在发达国家和新兴经济国家不同的伦理管理体系和社会责任表现(埃格瑞和罗尔斯顿 Lo, Egri & Ralston，2008），Tan（2009）通过中国等转型经济国家与欧美发达国家在法律规制体系、强制与监督机制、外部利益相关者的参与等方面的比较，揭示了国家制度环境差异对企业社会绩效的影响。

三 企业社会责任：制度与战略的融合

从本书第二章企业社会责任议题演化脉络图上可以发现，对企业社会责任议题的研究从 CFP 与 CSP 的争论中走来，并在注入制度理论这一新鲜元素的过程中，出现了制度与战略融合的趋势（奥利弗，1991；麦克威廉斯、西格尔和莱特，2006）。研究者既需要关注哪些制度因素影响了企业的社会战略反应和社会绩效（比斯 Bies et al.，2007），也需要探索如何管理社会战略反应过程才能达到更高的社会绩效、实现更好的社会正向变革（史密斯 2003，莫维斯和古金斯 Mirvis & Googins，2006），这也正是本书着重讨论的议题：企业社会责任管理——制度与战略的融合。

（一）社会责任议题中的制度观点

企业社会责任管理与可持续发展的经济理念相一致，也与中国建设和谐社会、实现经济和社会利益协调发展的背景相吻合，已成为学术研究的热点课题以及政府、媒体的关注焦点。有学者提出，企业社会责任理念将原本被认为是独立的市场体系放回到了社会体系之中，也使企业从纯粹的"经济人"走向了更为复杂的"社会人"（郁建兴，2008）。本书认为，国内企业社会责任的实践与制度环境发育现状有两大特征：一方面企业社会责任开始受到内外部制度压力的推动，企业为了与社会保持一致，组织会通过追随来获得合法性（曾楚宏等，2008a，盛南、王重鸣，2008）；另一方面，国内企业社会责任还只处于起步阶段（彭泗清等，2007），CSR 活动尚未成为公司的普遍管理惯例。而社会责任管理的上述矛盾特征却正符合了古德里克和萨兰西克（Goodrick and Salancik，1996）提出的观点："在公司行为制度化之前的不确定时期，制度压力将对组织行为施加重大影响。"因此，扎根于场域分析（Field Analysis）和合法性视角，我们或许可以探究出新的企业社会责任驱动机制。

从社会责任影响因素研究的演变过程来看，已有研究主要聚焦于企业经济绩效对企业社会绩效的影响机制与影响程度。不幸的是，尽管经历了近 30 年的大量实证和理论探索，却仍未获得一致结论（格里芬 Griffin，1997；马戈利斯 Margolis，2001 等）。在资源依赖、资源基础观、市场营销观等理论（罗，2006）对企业为什么要履行社会责任无法获得一致性解释的背景下，有学者开始注意到社会制度性因素（例如社会价值观和规范、公司或行业的历史性危机事件、公司在当地社区中的地位、国家和地方政府的政策和期望等）在企业履行CSR过程中潜在的重要影响。特别是随着制度理论20世纪80年代以来在组织社会学中发挥的"青春期"影响（斯科特，1987；韦斯特法尔等Westphal et al.，1997）以及制度理论在战略管理中"第三条支柱"作用的形成，更凸显了尤西姆在1988年就已经提出的非经济因素在企业社会责任驱动因素中的研究价值，而这也与黑斯（2002）提出的影响企业参与社会公益事业的新道德市场因素不谋而合。与此相类似，戴尔玛斯（2003）提出了影响企业履行环境管理行动的整合性模型，该模型除了包括公司规模、市场份额等组织资源导向和市场导向的经济性要素外，重点讨论了制度性压力对于企业社会责任和环境管理的影响机制：在公司层面，戴尔玛斯认为公众的态度、政府法律和政策的导向、行业协会的惯例和环境治理领域NPO的行为会对企业改善环境管理、提高环境绩效产生加速影响；在个体层面，社区的规范、员工的专业教育和管理层的价值观也对企业的社会责任意识的培养产生重要影响。也就是说，企业所感知的制度压力对企业的社会责任产生了正向驱动。

（二）制度影响下的企业社会战略反应

基于相关文献我们也认识到，公司在社会责任中的行动并不全是制度环境的直接反应，它们会根据自身的创新能力、行业特征和企业文化，紧密结合不断变化的社会需求对CSR行动进行设计和规划，从而形成极富特色的社会战略行为（葛笑春、蔡宁 2009）（具体如表4－1所示）。

表4－1　　　　　制度理论与企业社会战略反应的契合

制度理论中的企业战略反应模型（奥利弗，1991）	企业社会责任路径模型（扎待克，2004）	公司公民阶段模型（莫维斯，2006）
默许	防卫策略	基础阶段
妥协	屈从策略	参与阶段
避开	管理控制	革新阶段
挑衅	战略规划	整合阶段
利用	公民参与	改造阶段

来源：作者基于相关文献设计。

也就是说，在不同制度压力作用下，企业可能会产生程度不同的社会责任战略模式：从被动的防卫和屈从策略直到主动的整合和改造策略。这种主动和被动式的战略模式也可以理解为韦弗（Weaver，1999b）所提炼的松散式（Decoupled）社会责任反应模式和耦合式（Integrated）社会责任反应模式。相应地，在战略规划学派的企业社会责任反应模式中我们也可以预见，在不同制度环境下，企业将在社会环境分析、社会目标设定、社会战略形成与执行、社会战略控制与评估等各个战略反应维度上出现被动与主动、低程度与高程度的区分。因此，企业的社会反应过程既符合制度理论中的企业战略性反应模式，也暗含了战略规划学派（安德鲁斯 Andrews，1987；霍弗 Hofer，1984；鲁普 Rupp，1994）确立的战略设计和控制的过程。

本书发现，越来越多的企业正遵循着意义建构理论的思路，即从"认知（怎么想）—阐释（怎么说）—姿态（怎么做）"来理解和履行企业社会责任（巴苏和圭多，2008）。如果把企业认知和实践社会责任、保持与各利益相关者的关系等行为视为其获得和保持实用、道德和认知等多维度合法性需求的被动性实践，那么企业在特定环境中预测社会需求、评估社会绩效和发布责任信息就是一种管理、修复甚至控制社会合法性的努力（徐光华、陈良华、王兰芳，2007）[①]。因此，企业社会战略反应是制度与战略的融合，企业社会绩效是制度环境影响和企业战略规划的共同结果。

第二节 制度压力与企业社会战略反应

按照迈耶和罗恩（1977）以及陈惠芳（1998）的观点，制度化是一种分类，它发生于社会之中，是一种相互性的典型化或诠释。制度规则常常被视为理所应当，从而受到社会大众的支持或被法律强制实行。因此，行动者必须将制度视为一种既定事实，并把这些程序和规范在行动中加以重点考虑，这也与朱克"在合法性追求下，组织社会理性化（rationalization）"的思想相一致（朱克，1987）。基于前文制度环境对企业社会性行为影响机制的分析我们也不难理解，由于习惯、价值观和社会义务的影

[①] 前文提出，本书主要基于制度合法性视角，而非基于将合法性作为资源的战略合法性视角。但正如前文已经阐述的，在制度合法性视角下，也需要考虑组织的战略性反应。

响，企业的一些行为具有非选择性。因此本书相应地提出，制度压力对企业社会战略反应会产生正向影响。虽然从制度视角理解企业社会责任行为相对于经济理性视角仍属于探索时期，但理论界显然已经对其产生了足够的重视。例如《美国管理学评论（Academy of Management Review）》杂志在 2007 年末出版的"公司对于社会变革的影响"特刊和美国管理学 2009 年"绿色事业（The Green Matter）"主题年会都涌现了基于新制度理论对 CSR 进行研究的论文。

由于制度环境中压力来源的多元性，又因为战略的制度基础观（The Institution-based View of Strategy）有经济学、社会学和政治学等学科的渊源，因此对于制度压力和制度环境，学者们形成了多种分析思路（彭，2008）。例如诺斯（1990）认为制度规定了一个社会交易的规则，它在人或组织间互动约束的过程中形成了正式制度与非正式制度两个阵营；而斯科特著名的制度分析框架则包括了规则（Regulative Pillar）、规范（Normative Pillar）和认知（Cognitive Pillar）三个支柱；还有的研究者则根据制度的影响层面（如世界系统、社会、场域、组织群、组织、组织子系统等）加以探讨（郭毅、徐莹和陈欣，2007）。承袭前文关于制度视角下合法性的分析，结合本专业相关研究的常用范式（如姚和玛吉诺 Yin & Makino，2002，潘镇、殷华方、鲁明泓，2008），本书采用了斯科特（1995）构建的制度压力模型来探讨制度环境对企业社会战略反应的研究机制。它不仅可以指导宏观制度变迁等外部环境研究，也可以用来作为战略与制度的互动和企业战略重组等涉及企业层面的分析工具（吕源、徐二明，2009）。同时，又因为制度在透过企业边界时受到公司产业规模、公司管理文化、管理者态度以及公司适应能力等因素的过滤和影响（孔德拉和西宁斯 Kondra & Hinings，1998、戴尔玛斯，2003），本书所阐释的制度压力是指企业自身感知的制度压力，这也与劳（Lau et al.，2002）和戴尔玛斯（2008）的观点相一致。

一 规制压力与企业社会战略反应

规则压力（Regulative Pillar）是 Scott 定义的制度压力的第一个维度，它的核心要素是具有法律权威或者与法律权威相类似的组织所颁布的、有利于社会稳定和秩序保持的法律、规则、政策等要素（诺斯，1990）。规制压力的核心理念在于：组织内嵌于政治环境，规则和权力体系拥有的权威和赏罚制度对于组织的长远发展有重要影响；因此，组织有很强的动力与法律法规的强制力、政府的意见或被认为理所应当的规则保持一致（钱，2008，斯达巴克，1976），借以维持与政府委任、行为依赖、政府资助和其他准政治影响的联系（西玛 Siah Hwee Ang，2008）。正如香港中文大学制度理论学者吕源（2009）所指出的，规制系统尽管有时候也表现为非正式的形式（如表扬、警告、羞辱等），但其核心规则还是通过奖励或者惩罚机制来完成，因此具有一定的工具色彩。值得说明的是，迪马吉奥和鲍威尔（1983）定义的强制性趋同（Coercive Pressure）机制虽然与政府规制在权利来源上有所不同（前者力量来源包括供应商、强势客户和政府等，而后者压力来源主要是政治权力部门），但两者都有显著的强制性，两种力量都基于规则、法律、约定俗成而体现市场合法性与政治合法性，而非经济交易观点下的成本收益计算。

由于企业的专业、技术和资金优势（吴结兵，2008），CSR 在弥补政府和非政府组织失灵、推动社会正向发展（比斯，2007）的过程中能起到关键作用，因而为社会所关注（马戈利斯，2003）。但企业是追求利益最大化的市场行动主体，以股东利益最大化为根本目标；而社会责任是公共管理的重要内容，具有较大的正外部性和较低的短期收益特征（李正，2006）。因此，企业社会战略很难由企业股东和管理者的传统利益所驱动。正如前文分析的，与法律、规则、强制标准和政府命令保持一致能帮助组织在场域环境中更好的生存和成长，反之则可能失去社会合法性和组织声誉，甚至失去持续运营的资格（奥利弗，1991）。因此有学者提出规制压力是企业在社会责任战略反应中的典型推动力（钱，2008、韦弗，1999b）。例如阿奎莱拉等（2007）在研究组织参与社会正向变革的作用时即在工具主义、关系维持和道德需要三个维度上总结了政府引导企业参与社会责任反应战略的原因，坎贝尔（2007）在总结企业可能履行社会责任行为的因素中，将政府规制放到了制度性因素的首位，并进一步提出政府管制的手段和程序如果建立在与企业和其他利益相关者协商一致的基础上，将取得较好的实际效果。

在中国这个转型经济情景下，尽管相关制度和规则与西方成熟体系相比还较为欠缺，但本书也注意到，近几年来国家颁布了一系列对企业行为有重大影响力的法律或政策（例如会计准则、产品与服务质量的国家标准、涉及环境保护的法律法规、消费者权益保护法规等），而以上措施已经为企业理解社会责任、评估和控制社会绩效设立了较为清晰的行为标准和操作导向。政府在实际监管中可以对违反以上制度的企业依法给予处罚，还能够通过提高慈善捐赠税前列支比例的方法①，应用"税盾"（Tax Shield）效应来鼓励企业参与慈善行动，捐赠公益事业。瞿（Qu, 2007）基于中国饭店行业进行的企业社会责任战略影响因素的实证研究也表明，企业感知的 CSR 法律条款越全面、政策执行越彻底、管理标准越具体，越能激发企业创建和执行社会责任管理体系，或从内部推动企业员工全面履行社会责任。

此外作者还注意到，在社会责任战略的自然环境管理领域，也有许多研究提出，政府政策的变革是导致企业采用公司环境审计管理方法（EMA）最普遍的推动因素（贝里斯等 Baylis et al., 1998；奥利弗，2007）。米尔斯坦等（Milstein et al., 2002）的对比研究即对此做出了证明，他们指出当政府强制压力增加时，企业更可能执行社会环境管理战略，但当这种压力变弱时，只有很少的企业会关注社会环境行动。

综合上述理论分析，本书提出如下假设：

假设1：制度环境中的规制压力对企业社会战略反应有显著的正向影响。

二 规范压力与企业社会战略反应

如果说规制压力往往由于法律和政府的强力推行而容易被理解、阐释和观察，那么制度环境中的规范压力则常常是隐性的，不易被外部人识别的（钱，2008）。它遵循"适当性逻辑"，主要是指从国家和地区文化、价值观体系、规范信念和行为假设中形成的共享概念和意义准则（西玛，2008），从而成为社会生活中约定俗成的、可评估的以及义务性的维度（斯科特，1995）。这些可接受的行为规范在社会建构的合法性行动中逐渐演化形成，并与社会程序合法性与道德合法性息息相关。迪马吉奥和鲍威尔指出，规范机制其实来源于行动者倾向于遵循的社会文化期待和专业机构的意见，如果组织将这些假设、价值观和社会文化考虑在内，他们更可能取得成功（施耐德 Schneider, 1999）。具体来说，这些规范元素来源

---

① 中国《中华人民共和国企业所得税法实施条例》（中华人民共和国国务院令第512号）第53条第一款规定：企业发生的公益性捐赠支出，不超过年度利润总额12%的部分，准予扣除。

于贸易社团、行业协会、专业职业团体、劳工和工会组织、环境保护组织等非营利性组织或者消费者联盟、供应商等市场角色。

从上述分析我们发现，规范压力的核心内涵包括了价值观体系和行为准则。价值观主要表示普遍接受和期待的观念；而行为准则表达了组织行动必须遵守的条件和规矩。基于此，作者认为规范压力可以从直接与间接两种路径影响企业的社会责任战略。首先，规范压力可以通过电视、广播、报纸、互联网甚至平面广告等形式将社会对企业社会责任的期待和社会义务的理念传递给公司，并可能将那些不合社会规范（并不一定违法）或者不为社会价值观所接受的行为暴露于社会争议之中（格林宁和格雷，1994）。例如2008年雪灾后，国内部分房地产企业在经历了网络和媒体的批评后，重新调整了自己的社会责任观念和社会预算，并在内部重新进行了社会责任动员；著名跨国公司沃尔玛在饱受国内媒体抨击其不准工人成立工会之后，也在部分城市做出了让步，允许雇员自由加入当地的工会组织；1995年国际绿色和平组织针对壳牌公司的北大西洋沉船事件发起的联合对抗行动，最终导致该公司不得不重新审视自身的环境政策，并在海洋环境政策上做出了让步。从上述例子中可以证明，对某些角色和位置的客体而言，这些社会责任观念不仅是期待，而且有时候是必需的。这些规范信念和行为假设被这个环境中的其他主体所奉行，因此对其中的每一个行动者都有约束力。韦弗（1999a）的研究中也指出，从事健康保护行业的 Columbia/HCA 公司在经历伦理和法律纠纷并饱受媒体追踪后，成立了专门的伦理和责任管理办公室。

尤其值得注意的是，在公民民主政治意识觉醒和"全球结社革命"兴起的背景下，非营利组织通过抗议、抵制、联合曝光等行动，对企业的社会战略性反应起到了重大影响。例如丹洪德（2007）运用社会运动理论和制度变迁理论分析了社会行动集团的意识观念，推动和影响了企业的社会性活动和责任管理方式，他们认为这些社会利益团体通过龙头企业说服等方式，对企业实施负责任的经营战略起到了关键作用。盖拉斯科维茨（1985，1991，1997）的一系列研究也说明，本地NPO可以协调企业与社会的立场，在社会责任目标上相互促进。

其次，社会规范压力还可以通过NPO组织建立各种行业标准，使企业察觉并在社会中广泛传播，从而大大增加了企业履行社会责任的可信度与问责依据。例如中国消费者协会2007年发布的《良好企业保护消费者利益社会责任导则》，中国纺织工业协会2005年制定的《社会责任管理体系（CSC9000T）》，虽不像法律那样具有强制性，但在行业标杆企业参与下，能在行业中形成制度规范，为提高国内企业社会责任参与水平与行业的可持续发展提供良好的行动准则。金和伦诺克斯（King and Lenox，2000）基于化工产业的环境管理策略研究也指出，行业组织建立行业环境和质量规范的自治方式对形成企业环境治理战略有很强的辐射作用。此外，各行业机构或专业团体制定的质量认证体系、环境监控标准、消费者赔付制度等形式，也都是规范压力对企业社会反应的典型案例。

综合上述理论分析，本书提出如下假设：

假设2：制度环境中的规范压力对企业社会战略反应有显著的正向影响。

三 认知压力与企业社会战略反应

如果说规范压力的根源来自组织外部，受规范信念和共同准则的指引，那么认知压力的根源则是来自个体和组织对外在环境的理解和认识，它强调社会认同的重要性，非常关注"我们是谁""在给定环境下哪种方式对我们有意义"（穆尼尔 Munir，2002）等问题，是新制度主义分析中的特殊维度。它是一套施加于组织和个体之上的广泛的信念系统和文化（穆尼尔，2002），往往被定性为"在潜意识中被接受"，而且不证自明。正如克斯托瓦（1997）所指出的，认知系统往往在组织选择、解释信息时候提供一套轮廓、模型或样板，因此"什么是对的""什么应该被做"都在认知框架中被建构，并深刻地影响了组织"注意、分类和解释外部环境刺激"这一过程。在认识框架中，学习和模仿是组织基于外部认知的自然反应，社会行为和社会关系组成的网络对组织产生了趋同压力。特别是当某一个行为被周围同伴或同行集体接受或内化后，组织往往会采用该种方式以避免被其他成员视为特殊者（钱，2008）。

本书认为，这种模仿外在有效行为的方式与组织的关系合法性和认知合法性密切相关，并可能通过组织和个体两个层次对企业的社会战略反应产生影响。从组织层次来说，场域环境（例如本行业或本地区）中其他企业（特别是跨国公司和标杆企业）的 CSR 行为会诱导本企业重新考虑自身的做法并转而采用被普遍认同的行动模式，任何与此相悖的行动都将被认为是不可想象的。例如黑斯（2008）在研究中指出，当 Merck 公司决定在发展中国家研发并免费配送一种治疗河流失明症的药品后，引发了Pfizer 和 SmithKline Beecham 公司在相关地区开展治疗沙眼和淋巴丝虫病的慈善行动。尤西姆（1998）也指出本地社区的习惯和文化对公司慈善捐赠有型塑作用：如果本地商业网络普遍认为慈善捐赠是一种义不容辞的义务，那么本地公司往往会采取对社会义务更主动的姿态。特别是当上下游企业和主要竞争对手在 CSR 行动中有所建树后，企业亦会有积极响应（特奥，2003）。作者还注意到，不仅是在社会责任战略行动的程度上，本地社区的文化认知对本地区企业的社会战略实施方式和聚焦点都会产生重要影响，马奎斯（2007）阐述的 MASs 地区企业社会行动的案例就是很好的证明；戴维斯和格雷夫（1997）的研究也发现，当某公司董事会准备采用一个黄金降落伞计划时，会密切注意本地其他公司的总部针对此事的反应，以确保本公司的员工薪酬计划是符合本地传统惯例。从上述分析可以看到，不仅是企业以外的政府、非营利组织等公共部门对企业的社会责任行动具有制度上的推动作用，企业间的协同和模仿导致的更大范围内的一致性认同（马奎斯，2007），也"水涨船高"式地促进了本地区企业社会绩效水平的进一步提高。

除了组织层次的认知压力给公司带来的模仿机制和认知体系，鉴于高层管理者在公司战略制定中的特殊地位和作用，经理人员个体层面的认知压力对公司的企业社会战略反应也具有不可忽视的带动作用。特别是在商业伦理广受呼吁并被部分商业领军人物率先垂范的条件下，高层经理人员可能在本地和行业内社会网络联系中通过相互学习和模仿，对本公司社会责任的评估和社会战略反应的作用程度施加不可低估的内在动力。例如盖拉斯科维茨和伯特（1991）的实证研究即说明，公司经理之间的联系网络具有"传染"（Contagion）的功能，使得公司公共关系或公益慈善等部门的经理人员在相关行为的评估和认知上产生了一致性。此外作者发现，已有越来越多的社会责任高峰论坛或社会责任沙龙活动出现在报刊和网络等媒体，而这些活动也正是 CSR 理念在高层管理者中不断传播和自增强的重要媒介和行动脚本。

综合上述理论分析，本书提出如下假设：

假设3：制度环境中的认知压力对企业社会战略反应有显著的正向影响。

基于本章第二节的理论分析我们不难理解，规制压力通过市场合法性与政治合法性、规范压力基于程序合法性与道德合法性、认知压力基于关系合法性和认知合法性都对企业社会战略反应产生正向影响,因此本书进而提出:

假设4:制度压力对企业社会战略反应有显著的正向影响。

第三节 制度压力与企业社会绩效

以往对于企业社会绩效影响因素的研究常常将企业的经济绩效作为主要考量因素,认为公司较好的经济绩效会带来较高的社会绩效(奥利茨基,2003;阿德巴约Adebayo,2000),还有的经济理性视角下社会绩效影响因素的研究提出好的社会绩效是一种稀缺"资源"(罗德里格斯,2006、鲍恩Bowen,2007),而这种战略性资源可以帮助企业将自己的产品与竞争对手的产品区别开来,从而提升其竞争优势(波特和克雷默,2006)。但已有许多研究指出,无论是企业经济绩效影响企业社会绩效抑或社会绩效影响经济绩效的结论并不可靠(麦克威廉斯和西格尔,2000、罗门等Roman et al.,1999),成本或许是企业社会责任行为的主要附属品(米勒,2007)。

与之相对应的是,新制度理论进行了技术环境和制度环境的区分,认为企业不仅有效率最大化的生产动机,同时也是制度环境的产物,企业追求社会绩效并非基于经济交易的模式和经济利益的原则。人们以往之所以会陷入企业经济绩效和企业社会绩效关系的误区,是因为我们忽视了制度化的信仰体系、规则和角色对企业行为潜移默化的型塑作用。也就是说,企业追求社会绩效是新制度主义强调的依从性、习惯性和权宜性的体现(郭毅等,2009),仅从单个行动者的角度来考虑企业是否履行社会责任的问题,将是一种原子化的观点(霍夫曼,2001)。制度理论强调组织在环境中的嵌入性和合法生存的重要性,组织的行为迫切需要外部社会的认同,因此提高企业社会绩效常常被认为是组织获得合法性的一种敏感性应对;例如坎贝尔(2007)即提出,在政府规制较为强势,非营利组织、媒体、机构投资者、社会运动组织对企业社会责任的监督更为明显,行业治理较为有序、行业规范较为清晰以及工会和社区利益团体拥有较大话语权的制度环境下,企业更会体现出较好的社会绩效,巴伦(Baron,2006)通过理论分析和数理推理认为,非营利组织等公共部门通过目标企业选择等方式给公司施加的社会压力将促使企业在决策时与 NPO 等组织协商，并在一定程度上提高企业的社会绩效。

从作用机理上看，本书认为制度压力所包含的规制、规范和认知三种压力可以单独或共同作用，推动企业不断提高环境、产品、员工和商业等维度的社会绩效。例如，企业员工责任维度社会绩效的提升，既可能基于包括《劳动法》《职业病防治法》《企业破产法》、职工养老保险制度、雇员欠薪追讨制度等法律、法规的修订和执行，也可能来自包括"国际劳工标准、核心劳工标准和 SA8000 社会责任标准"等行业标准以及社会媒体和大众价值观的期待（格林宁和格雷，1994、黄敏学等，2008）等规范压力的促发，还可能通过产业环境中商业网络之间为了减少不确定性而形成的互相模仿和集体行动所引发（贝瑟 Besser，2006），而且这些压力之间可能存在互相促进、互相依托的关系。与此相类似，企业环境责任维度和产品责任维度的社会绩效也既受到了《环境保护法》《消费者保护法》、国家三废排放规定、产品召回制度等规制压力的制约，也受到了消费者协会、环境保护组织、市民的和平呼吁等规范压力（约翰逊和格林宁，1999）以及企业之间追随标杆与行业惯例（马奎斯，2007）以及经理人受到的社会责任教育（安基里德和易卜拉欣 Angelidis & Ibrahim，2004）等认知压力的推动。

除了上述分析的制度压力对企业社会绩效的直接作用机制外，本书还注意到引入机构投资者、公司上市这两种国内企业非常希望实现的发展目标对制度压力的加强有特别明显的作用。从前者来看，由于机构投资者将企业是否较好地遵守劳动法规，是否严格遵守行业标准和知识产权，是否为环境友好型企业等要素作为其合作考察的重要内容，因此机构投资者对 CSR 的制度压力会产生加强作用，从而也可能进一步提高公司的社会绩效。以上机制在实证研究中也得到了证实。例如考克斯（Cox，2004）的研究表明，机构投资者的数量和持股比例越高，公司社会绩效也会越好，而这也与格雷夫斯（1994）的研究结论相一致。另外，公司上市后会受到更多的政府规制、接受更严格的行业标准，并成为大众和同行的关注者，因而也将在社会绩效方面有更好的表现①。

根据上述的理论分析，并结合探索式案例研究得出的命题，本书提出如下四个假设：

假设5：制度压力对企业社会绩效有显著的正向影响。

假设6：规制压力对企业社会绩效有显著的正向影响。

假设7：规范压力对企业社会绩效有显著的正向影响。

假设8：认知压力对企业社会绩效有显著的正向影响。

第四节 企业社会战略反应与企业社会绩效

社会责任战略近年来备受管理学界和商业界人士的关注（波特和克雷默，2006；维特和钱德勒 Werther, Jr & Chandler, 2006），但作者注意到公司战略与企业社会责任的融合在战略管理研究中早有渊源。首先，从公司战略发展脉络中我们注意到，弗里曼在1984年即提出，相比以往的概念，新的公司战略应该将社会和伦理问题更紧密更多地加以考虑；梅兹那尔（Meznar et al., 1990）也在战略概念的新思维中加入了合法性获得和利益相关者问题；明茨伯格在对战略设计学派进行评论时进一步提出，战略制定过程中必须考虑两个非常重要的因素，即企业社会责任和领导者的价值观。其次，在企业社会责任研究中，也有研究者将战略管理的过程和方法应用在了社会议题管理中：例如鲁普（1994）在霍弗等（1984）定义的战略过程管理的基础上发展出了公司社会反应的五阶段模型。

基于前文分析我们不难理解，企业社会战略反应是一种"社会责任和社会议题背后的模式和过程（卡罗尔，1979）"，体现了"公司回应社会压力、引导管理者执行社会政策的能力（沃特克，1985）"，它是战略管理中以社会责任为导向的核心内容，因而可以通过投入资源、制定策略、激励员工和评估绩效等方式，对基于利益相关者分析的CSR履行结

---

① 上海证券交易所2008年已出台了《上市公司环境信息披露指引》等操作指南，要求上市公司计算每股社会贡献值，以全面披露公司为其股东、员工、客户、债权人、社区以及整个社会所创造的真正价值，并要上市公司按期公布社会责任报告。

果——企业社会绩效的高低产生重要影响①。缺乏企业社会战略反应，社会责任研究将陷入波特和克雷默（2006）提出的第二类错误——"泛泛而谈社会责任"。他们观点鲜明地提出，必须将社会责任与公司战略紧密结合，才能真正实现卓有成效的社会目标。此外，战略规划理论也提出，企业社会责任不能仅仅停留在企业的愿景、使命层面，而是要与公司的战略实践结合起来，这样的 CSR 才富有指导性和操作性（金和莫博涅，2005）。

企业社会战略反应对公司社会绩效的影响我们还可以从社会战略反应的三个维度进行考察。首先从"整合社会计划"维度来看，它表示了公司经营层把社会目标和公司经营计划相结合，公司在制定战略规划时考虑社会问题对公司业务的影响，并配置特定人员或安排社会预算进行管理。因此，它更容易实现波特提出的战略性契合的目标，并能利用公司的专业技能和创新能力实现社会绩效，这在葛笑春、蔡宁等（2009）对跨国公司战略性慈善行动与企业社会绩效关系的总结中得到了很好的验证。布拉默和米林顿（Brammer and Millington，2003）也指出，公司有计划的社会行动措施将对社会行动的有效实施产生显著影响，并更能导致好的社会责任履行结果。

其次，"激励员工参与"维度反映了公司改进员工社会责任理念、推动社会绩效的决心，它能促使公司的社会战略更趋于主动而非只是起到"橱窗式"的效果。本书发现，包括经理人员和专业技术人员在内的全体员工的社会责任参与意识和执行能力对企业社会绩效的正向影响也得到了以往相关文献的支持。例如韦弗（Weaver，1999a）和格林宁（1994）的研究分别指出，管理者的社会责任参与意识和参与时间对社会责任行为能否达成实际效果有显著正向影响；朗斯伯里（2001）的研究表明，企业社会责任行动如果有了全职专业人员的全程投入就容易达到理想的效果，但如果员工只是随意地参与 CSR 项目，则很难达到预期效果。

最后，正如经营战略的评估和反馈会对公司经营绩效有正向影响的作

---

① 本书注意到，以往社会责任研究文献未对企业社会战略反应给予充分关注，有的研究文献未对企业社会战略反应和企业社会绩效做出严格区分（郑海东 2008 也注意到了该问题，并在社会责任过程管理上做出了有益探索）。本书认为公司有了社会责任的履行动力和原则并不能必然导致好的社会绩效（伍德，1991；黑斯，2002），作为过程和能力的社会战略反应应该与作为结果的社会绩效做严格区分，才能从 CSR 执行层面找出提高企业社会绩效的内部根源。

用机制相似,"评估社会责任"维度如同社会行为的操作手册(Codes of Conduct)(塞西Sethi,2003),能为现在正在执行的社会战略提供有用的信息,进而提高企业社会战略的效率和效益(黛安农D'Aunno et al.,1991;金和伦诺克斯,2000)。同时,通过以往社会战略执行效果的评估和反思,企业还可以为将来的社会责任计划提供更准确的社会目标和更明确的社会需求(黑斯,2002),因此也有利于实现更高的社会绩效。

综合上述理论分析,本书提出如下假设:

假设9:企业社会战略反应对企业社会绩效有显著的正向影响。

第五节 企业社会战略反应的中介作用

前文已经探讨了制度环境对企业社会性行为的影响机制和企业社会责任研究中制度和战略视角融合的趋势,并论证了制度压力对企业社会绩效有正向影响作用(A→C);同时,外部制度压力从规制、规范和认知三种路径促使企业积极地应对社会需求、实现各种形式的社会战略反应(A→B),而企业社会战略反应又可以通过投入资源、制定策略、激励员工和评估绩效等方式促进企业社会绩效的提高(B→C)。由上述分析可知,制度压力既可以直接作用于企业社会绩效,也可以通过公司社会战略反应传递给社会绩效(A→B→C),而第二条作用路径也正是管理学研究中非常重视的中介效应(见图4-1)(温忠麟、侯杰泰和张雷,2005)。同时作者还注意到,本书第二条作用路径所体现"环境→战略→绩效"的逻辑也越来越受到国际管理学研究领域的重视,环境已经成为战略促发的核心自变量(彭,2009),并在许多研究中得到了体现[例如,《组织管理研究》(IACMR协会期刊,SSCI收录)2008年第3期曾以此为主题设专题邀请学者投稿]。

正如田野(2008)提出的,外部制度压力对企业经营结果的影响需要通过企业内部的行动和反应来实现。本书认为,企业社会战略反应一方面反映了罗胜强(2008,见陈晓萍等2008)提出的"凡是X影响Y,并且X可以通过一个中间的变量M对Y产生影响的,M就是中介变量"的定义,也暗合了伍德(1991)等提出的"社会责任原则→社会反应→社会效果"的设想。此外,作者还发现,企业社会战略反应近年来在社会责任研究中地位越来越凸显,研究者对于如何才能切实增强社会绩效的呼吁而期待日渐高涨

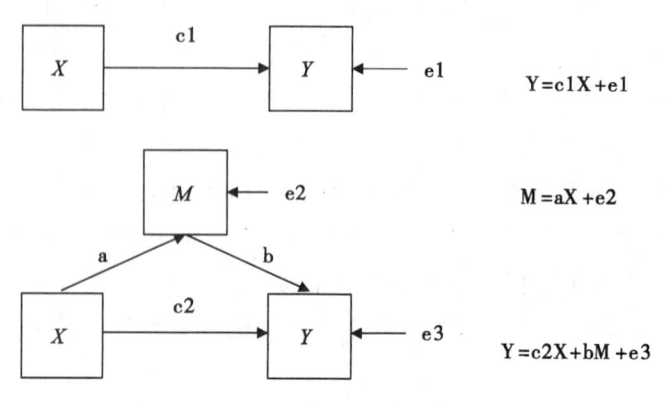

图 4-1 中介效应示意图

资料来源：温忠麟、侯杰泰和张雷 2005。

（谭，2009；史密斯，2003），而本书将其作为中介变量来研究，正是试图揭开公司如何应对外部制度压力，并导致社会绩效提高的"黑箱"。

基于上述理论分析和中介效应的定义，本书提出：

假设 10：社会战略反应在制度压力与企业社会绩效的关系中起中介效应。

假设 10a：社会战略反应在规制压力与企业社会绩效的关系中起中介效应。

假设 10b：社会战略反应在规范压力与企业社会绩效的关系中起中介效应。

假设 10c：社会战略反应在认知压力与企业社会绩效的关系中起中介效应。

罗胜强（2008，见陈晓萍等 2008）指出，中介变量可以使自变量和因变量的关系链更为清晰，可以解释自变量变化与因变量随之变化的中间发生了什么。而对于中介效果，一般又可以分为完全中介和部分中介：前者是指 X 对 Y 的影响完全通过 M，没有 M 的作用，X 就不会影响 Y，而后者表示 X 对 Y 的影响部分是直接的，部分是通过 M 的。对于企业社会战略反应的中介类型及其程度问题，本书将在后文实证部分做进一步的探索。

第六节 组织文化导向的调节影响

前文对企业社会绩效影响因素的研究，主要从组织制度环境出发分析了外部刺激与企业社会战略反应和企业社会绩效的关系，但正如格林宁和格雷（1994）及巴苏（2008）等学者所设想的，组织内部要素尤其是组织内部文化和身份导向也会对企业社会责任行动的方式和社会绩效的高低产生重要影响。霍夫曼（2001）也认为，要理解制度环境中企业反应的异质性，除考虑制度场域层次的外部环境压力以外，还要考虑组织层次的问题，要把制度环境和组织内部动态紧密结合起来。理论界普遍认为，组织文化是一个组织在适应内外部环境时创造和产生的基本假设模式，它对组织与利益相关者关系会产生不可忽视的影响。艾伯特等（Albert et al., 2000）也提出，共享的理念会形成一个组织的自我身份（Identity），形成"我是谁"的价值规范导向。也就是说，不同的组织文化和身份导向将对组织的动机和行为产生影响，使其在处理外部事务和利益相关者关系时采用不同的策略和方式，从而对社会绩效产生影响。这里的隐含逻辑是，由于公司的危机管理历史（格林宁，1992）、基于"集体—关系—个体"的身份观念（布里克森 Brickson，2007，2005）和组织惯例的差别，在不同的文化和身份导向下，组织对于外部制度压力有不同的感受性（receptivity，霍夫曼，2001；戴尔玛斯，2008），即组织文化导向会对制度压力和企业社会绩效的关系产生权变影响。

组织文化已经被以往研究定义为不同的类型和维度，例如雷诺兹（Reynolds，1986）提出了包含14个维度的组织文化构念，卡梅伦和奎因（Cameron & Quinn，1998）的竞争价值框架模型体现了四种典型的组织文化类型。但正如许多研究指出的，企业的文化往往是一个复合体，组织完全属于某种文化类型的例子十分罕见，不同的组织文化维度在企业中常常有各自不同的特征（迈尼昂，2001；李建生，2008）。而竞争性文化导向和人本主义文化导向已被相关研究认为对企业社会绩效会产生重要影响（布里克森，2005）。从竞争性文化导向来看，它主要测量企业在绩效创造和同行竞争中的倾向程度（库克和哈特曼 Cooke & Hartmann，1989）。在竞争导向程度较高的企业中，追求经济和社会绩效的卓越成为组织的必然使命，做得比同行更好也是其组织的一贯作风，因此他们更容易解读和接受组织的外部制度压力，并力争比同行做得更好。这也是组织文化和组织身份对组织行为重要性、持久性和与众不同特征的反映（麦基 Mackey，2009）。例如强生、麦当劳等跨国公司，它们经历了数十年不同市场环境的考验，普遍具有较强的竞争意识。当这些跨国公司受到外部利益相关者的压力时，较其他竞争意识较弱的企业表现出更突出的社会绩效敏感性（兹格里普斯 Zyglidopoulos，2002）。同时，本书也注意到，企业高管的竞争意识和领先意识也会由于其对 CSR 行为的特殊发言权和决策权而对公司理解、吸收外部制度压力，驱动企业提升社会绩效产生特殊影响（琼斯 Jones，2007）。此外，丹尼斯-丹尼斯（2002）和坎贝尔（2007）等研究所提出的产业环境的竞争程度对企业社会绩效的正向影响关系也可以间接证明，组织竞争氛围和导向越浓，组织感知的外部压力也将越大，组织社会绩效也可能越高。

从人本主义导向来看，它主要测量组织内部成员之间的和谐与相互支持程度，以及对组织外部利益相关者的关心和帮助倾向。在人本主义导向较高的组织环境中，组织及其成员将会更愿意将精力、资源和时间投入外部公共事务和非经济利益导向的行为中去（库克和哈特曼，1989），因此也更容易将外部的制度压力内化为与组织理念相一致的行动，从而采取更主动和积极的措施来提高企业社会绩效。这也与布里克森（2005、2007）所定义的关系主义和集体主义的身份导向相类似：相比个体主义导向的企业（相似于人本主义导向程度较低的企业），关系主义和集体主义氛围较高的组织将更为关心组织个体利益之外的社会福利和环境利益，也更愿意将员工、环境、社区和消费者等外部利益相关者的福利当作一种社会契约而内化在公司行动中。

按照罗胜强（2008，见陈晓萍等 2008）的定义，如果变量 X 与变量 Y 有关系，但是 X 与 Y 的关系还受第三个变量 M 的影响，那么变量 M 就是调节变量（图 4-2）。

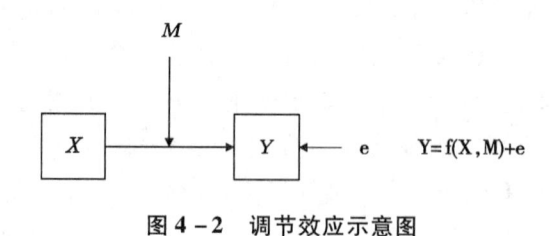

$$Y = f(X, M) + e$$

图 4-2　调节效应示意图

资料来源：温忠麟、侯杰泰和张雷，2005。

基于调节效应的定义及上述理论分析本书认为，组织文化导向（竞争文化导向和人本主义文化导向）在制度压力与企业社会绩效之间充当了调节变量的角色，并相应提出如下假设：

假设 11：竞争导向的组织文化氛围会对制度压力和企业社会绩效之间的关系产生调节影响，当组织竞争导向较高时，制度压力对企业社会绩效的正向关系也将越明显。

假设 12：人本主义导向的组织文化氛围会对制度压力和企业社会绩效之间的关系产生调节影响，当组织人本主义导向较高时，制度压力对企业社会绩效的正向关系也将越明显。

此外，本书注意到班萨尔和克莱兰（Bansal and Clelland，2004）、班萨尔和罗斯（2000）等学者都提出，公司治理模式对企业社会责任的履行程度有重要的影响。同时作者也发现，中国证监会近年来采取了要求国内上市企业提高社会责任治理水平的多项措施（例如要求上市企业发布社会责任指数和社会责任报告），上海证券交易研究中心 2007 年还专门出版了"利益相关者和公司社会责任"的研究报告。因此本书预计，上市公司相比非上市企业拥有更完善的公司治理方式和社会绩效水平。因此本书把公司是否上市设定为控制变量。

第七节 本章小结

鉴于以往关于企业社会绩效影响因素的研究对制度要素的忽略（马戈利斯和沃尔什 Margolis & Walsh，2003；迈尼昂和罗尔斯顿，2002；米勒，2007），以及企业社会责任和新制度理论领域相关学者对 CSR 行为制度性解释的呼吁（彭，2009[①]；郭毅，2009[②]），本章将企业社会责任管理和社会绩效的产生机制放置于制度环境之中，基于制度理论、战略规划理论以及组织文化导向与组织行为模式的相关研究结论，通过文献展开和分层解析，对第三章探索式案例得出的研究命题进行了更深入的理论诠释，一定程度上揭示了组织合法性视角下"制度压力—社会战略反应—社会绩效"

[①] 国际知名战略管理教授彭维刚（Mike Peng）将企业社会责任议题列为以制度为基础的战略管理教学与研究的十大主题之一（彭，2009），并强调了正式制度和非正式制度对 CSR 的不同影响机制。

[②] 郭毅教授 2009 年 4 月 10 日在其研究型博客论文《中国管理学的重建（1）：管理学者，请勿空谈社会责任》一文的最后呼吁道"至于中国的管理学者，似乎要将研究重点转移到制度环境给企业的压力以及企业的选择策略上了。"（http://guoyi021.blog.163.com/blog/static/76911640200931093531112/，作者 2009 年 12 月 14 日访问通过）

以及"组织文化导向—制度压力与社会绩效关系"两种关系的内在作用机理，从而构建了如图 4-3 所示的理论模型。

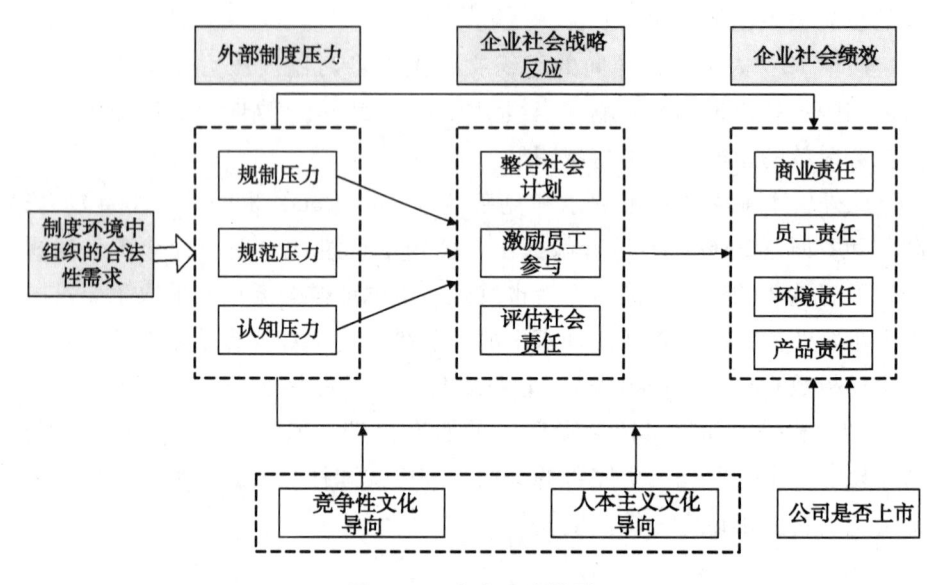

图 4-3 本书理论模型

具体来说，本章的假设 1 到假设 4 主要分析了制度压力对企业社会战略反应的影响路径；假设 5 到假设 8 试图厘清制度压力对企业社会绩效的作用机理；假设 9 阐述了社会战略反应中整合社会计划、激励员工参与和评估社会绩效三个维度对企业社会绩效提升的作用过程；假设 10（包括假设 10a、10b、10c）进一步提出了企业社会战略反应在制度压力和企业社会绩效之间的中介效应；最后，假设 11 和假设 12 通过组织内部文化因素的导入，将外部环境压力和组织内部文化导向对企业社会绩效的影响进行了整合分析，提出了组织文化导向在制度压力和社会绩效关系中的权变影响。

第五章将对本书涉及的相关概念根据已有文献进行变量设计，报告设计依据和测度方法，并详细介绍数据取得的途径，为第六章的实证分析做准备。

第五章

研究方法

定性与定量相结合的混合研究方法一直受到当代管理学研究者的重视（克雷斯韦尔，2003；李怀祖，2004），无论是国内的管理学博士学位论文还是国外的顶级期刊，莫不是西欧理论阐释主义和北美实证主义相结合的产物。美国的管理学权威杂志《管理科学季刊（ASQ）》更是以其理论和实证双重高标准而被学界公认为最难发表的期刊之一。对企业社会绩效制度性影响因素的研究，不仅需要规范的理论探究和充分的文献支撑，还需要科学实证方法的验证。只有合理地设置问卷、科学地抽样和调查、恰当地运用统计方法处理数据，才能得出有价值的研究结论（马庆国，2002）。同时作者也注意到，目前国内有关企业社会责任的相关研究仍然是概念和模型引入多于理论的补充和完善，有关新制度理论的探讨也是机理阐述多于实证分析。为证明前文提出的初始命题和研究假设，本章将对问卷内容和设计过程、变量设计和测度指标选取、数据收集过程、研究方法和数学建模思想进行详细说明，为下一章的实证研究奠定基础。

第一节 问卷设计

一 问卷方法及问卷的主要内容

统计调查研究（Survey Research）是管理学科广泛应用的资料收集方法，它包括问卷法和访谈法两种形式（李怀祖，2004）。本书实证数据主要通过问卷的方式（Questionairs）取得，主要基于如下考虑：（1）本书重点探讨的企业感知的制度压力主要反映企业对于国家和地方的法律、政策、规定、措施等规制措施，行业标准、社会价值规范以及企业在外部世界中的身份认知等制度性要素，存在"难以用二手数据来表征，且具有不同组织独特感受性"的特征。(2) 社会战略反应主要体现了企业在面对外部制度压力时所采取的应对性措施,它往往是基于行业特征、企业内部职能和文化以及企业管理惯例产生的,因此无法应用外部数据库做出合理评估。(3) 企业社会绩效往往通过多个利益相关者视角进行记录,而国内缺乏类似国外 KLD 数据库那样的大样本且连续数年的权威 CSP 资料库(沙夫曼 Sharfman,1996)[①]。

具体来说,问卷的主要内容包括以下几个方面:(1) 被调研企业的基本情况,该部分主要为了了解企业所处的行业、成立的时间、企业规模、所有制性质等信息。(2) 外部制度压力,该部分旨在掌握企业感知的有关企业社会责任的外部规制、规范和认知压力。(3) 企业社会战略反应,该部分主要了解企业在整合社会计划、激励员工参与和评估社会责任等维度上的社会反应情况,用以显示企业回应制度压力的程度和能力。(4) 企业社会绩效,该部分通过商业责任、环境责任、员工责任和产品责任四个维度考察企业在各个利益相关者维度中的社会绩效水平。(5) 企业竞争文化和人本主义文化导向,该部分主要收集被调研企业在竞争性和人本主义两个文化维度上的倾向和表现。

二 问卷的设计过程

问卷设计质量是研究获得成功的重要影响因素,其设计的优劣程度、指标选取的实用性、量表的信度和效度都关系到研究的科学性和最终结论的价值。问卷质量的好坏有天壤之别,需要研究者遵循合理的原则与正确的方法。本书基于马庆国(2002)、谢家琳(2008,见陈晓萍等 2008)等学者的建议,在设计过程中主要遵循以下步骤和方法,试图达到"符合研究目标、依据对象特点、尽量获得真实信息"(马庆国,2002)的目的:

(1) 深入研读现有文献,借鉴既有量表。谢家琳(2008,见陈晓萍

[①] 尽管《南方周末》《公益时报》等机构已开始评估和发布企业社会绩效指数,但基于企业感知的外部制度压力和企业社会战略反应等变量的数据特征和收集难度,本书仍只能以问卷调查的方式作为实证数据的来源。研究者发现,问卷法是国内外管理学研究微观数据的主要来源,包括 *Strategic Management Journal*、*Academy of Management Journal* 和《管理世界》等权威期刊在内的杂志经常发表基于问卷调查的实证研究论文。本书认为,现有二手数据库存档数据与研究需求不匹配,是大量管理学研究无法像经济学研究那样采用二手数据资料的主要原因。

等2008)提出,已有量表往往具有效度和信度较好、学术界认可度高的优点。因此,作者研读了大量有关制度系统与环境、制度压力与特征、企业社会战略模式与过程、企业社会绩效的理论与测度、企业文化导向、组织合法性与组织行为等不同主题、视角和理论基础的研究论文,将其中的有用信息和量表元素进行分析、归纳、合并,初步设计了一系列可供讨论和预测的研究题项。

(2)深入企业访谈,修正表达方式。在研究方法的学习中作者也注意到,借鉴已有量表也有需要注意的地方。谢家琳(2008,见陈晓萍等2008)即提出,沿用现有量表需要注意文化上的局限性、时间上的局限性和语言上的局限性。作者在理论预设中也发现,已有量表的部分题项并不适合国内的实际情况。因此,本人通过企业调研访谈、向企业界朋友咨询等方式,听取他们对问卷的看法和建议。企业界人士主要在社会责任战略反应的实际做法、社会绩效的表现形式、制度压力在国内的实际内涵等方面提出了宝贵意见。通过反复交谈和修正,作者在量表的内容和表达两个方面进行了修正。

(3)征求专家和学术团队的意见。在文献阅读、理论设计和企业界咨询的基础上,作者遵循研究团队的惯例,通过专家单独咨询和小组汇报两种形式,征求相关学者和同学科学友对研究问卷的意见和建议,对可能存在的一题多意、语义不清等问题进行了再修正。

(4)问卷预测试。在进行大范围数据收集之前,作者基于以往博士学位论文的写作建议,在本人熟悉的舟山经济开发区和杭州滨江工业区的20余家企业进行了小范围预测。在预测过程中,作者发现了量表设计和排版中的一些具体问题,并根据测试者的反馈和建议,在题项的语言和题项的长度两个方面进行了改进,从而最终形成了本书的调研问卷(见附录2)。

第二节 变量设计与测度指标

根据本书所阐述的理论基础、分析框架、概念模型和理论假设,本书涉及的变量包括外部制度压力(具体分为规制、规范和认知三种制度压力)、企业社会战略反应、企业社会绩效、企业竞争文化导向和人本主义文化导向。前文已经指出,基于相关构念的组织独特性和二手数据的不可获得性，本书采用问卷法作为研究数据的收集方式。同时，鉴于相关变量依赖于企业的判断和内部信息支持以及被调研者在问卷填写中可能存在的顾虑，本书借鉴戴尔玛斯（2008）、米勒（2007）和古拉蒂（Gulati et al.，2005）的建议，构念的研究量表均采用了主观感知的方法，即 Likert 量表法进行设计。在实际操作中，本书采用了 Likert 五分法这种形式对调研企业在某一题项中的实际情况进行评估，其中"1"表示"非常不符合"，"5"表示"非常符合"，"3"为中性（或无法肯定）。需要说明的是，Likert 五分制和七分制两种形式都是管理学研究常用的量表评估方法，本书采用五分制法主要考虑到 Likert 五分制法具有简单、易于受访者判断、打扰时间短的特点（李忠云 2005），同时也考虑了莉西茨和格林（Lissitz and Green，1975）提出的 5 分制 Likert 量表的 Cronbach's α 值最大的结论。

一 被解释变量

企业社会绩效是本书的被解释变量。在企业社会责任的相关研究中，无论是理论探讨还是实证分析，研究者已经达成了利用利益相关者框架对企业社会绩效进行分析的共识（梅特 Mette，2006；克拉克森，1995），但是 CSP 究竟包含哪些利益相关者，企业社会绩效的内在维度究竟如何，不同学者之间还存在较大的差异和争议（格雷夫斯，1994；戴维 David，2007；卡罗尔，1991；格里芬和马洪 Griffin & Mahon，1997；金立印，2006 等）。例如被国外社会责任研究所普遍使用的 KLD 社会绩效数据库（格雷夫斯和沃多克，1994、约翰逊和格林宁，1999、戴维，2007 等）本身包含了社区关系、员工关系、环境、产品、民族多样性、军事协议、核问题和南非问题八个维度，但在不同的研究中研究者往往根据各自的理论认知和判断而采用了不同的利益相关者组合。例如，格雷夫斯（1994）使用了 KLD 社会绩效数据的全部维度，特尔本（1996）和戴维（2007）仅使用了社区关系、民族多样性、员工关系、环境和产品五个维度，而约翰逊和格林宁（1999）又重新整合了 KLD 的利益相关者分类方式，提炼出人员和产品两个潜变量。国内相关研究也有此特点，例如姜万军等（2006）构建的中国民营企业社会绩效评价体系由商业关系、社会关系和自然关系三个子系统加权平均而得；李立清（2006）则在 SA8000 指标着重强调劳动关系和员工权利的基础上，增加了商业责任和社会公益行为两大因素。

本书在吸收、借鉴相关文献的过程中，也听取了接受访谈企业的中高层管理人员对中国情境下企业应当承担的社会责任的看法和意见，使之更符合国内CSP的实际情况。本书设置的CSP量表包含了商业责任、员工责任、环境责任和产品责任四个维度，并得到了许多研究的支持（具体如表5-1所示）。

表5-1　　　　　　　　　　企业社会绩效的测量

变量名	题项	来源或依据
商业责任	1. 努力降低运营成本，有更好的生产效率。 2. 相对于同行企业取得很好的投资回报率。 3. 被商业伙伴或债权人认为是一个值得信赖的公司。	奥佩勒1985、郑海东2007、霍普金斯（Hopkins）2005、金立印2006
员工责任	1. 支持和鼓励员工获得更好的教育与培训。 2. 避免在招聘、晋升和薪酬过程中的各种歧视现象。 3. 拥有柔性的政策使员工处理好工作与生活关系。 4. 工资、福利在本地或本行业中有很强的竞争力。	迈尼昂2001、姜万军2006、霍普金斯2005、李立清2006
产品责任	1. 拥有一系列降低能耗、循环利用资源的政策或举措。 2. 较好地履行甚至加强了环境质量管理守则或体系。 3. 积极参与本地的自然环境治理和保护工作。 4. 废水达标比例较高，属同行业或地区领先水平。	戴维2007、金立2006、郑海东2007、约翰逊和格林宁1999
环境责任	1. 产品或服务的质量与安全水平属同行业领先水平。 2. 能迅速处理客户或消费者的抱怨或投诉。 3. 具有很强的问题产品召回意识和处理能力。	迈尼昂2001、姜万军2006、霍普金斯2005、戴维2007

来源：本书整理。

二　解释变量

企业感知的制度压力是本书的解释变量，也是本书的理论视角所在。作者在研读、比较战略管理的制度基础观、企业社会绩效的影响因素等相关文献中发现，斯科特（2001）提出的包括规制压力、规范压力和认知压力的制度环境整合模型得到了广大研究者的普遍认同和采用（陈慧芳，1998；特奥，2003；田野，2008等）。正如吕源（2009）所指出的，Scott的三个制度系统的框架跨越了学科界限，涵盖了人类社会几乎所有的制度要素，超越了传统理论的局限性，对制度来源、层面和约束机制进行了细化。在三个维度具体指标的设计过程中，本书也以斯科特（2001）所提出的三个维度的内涵和外延为基础，尽量吸收成熟的研究量表，并充分考虑了被调研企业所提及的与企业社会责任相关的制度性因素，以加强研究量表在中国语境和社会形态下的适用性（具体如表5-2所示）。

表5-2　　　　　　　　　　　制度压力的测量

变量名	题项	来源或依据
规制压力	1. 各级政府对违反社会责任的经营行为有严厉的惩罚措施。 2. 政府通过举报和严格执法等措施来保障市场主体的利益。 3. 各级政府通过各种形式宣传企业社会责任理念。 4. 国家对公众反映的违反社会责任行为有迅速反应。	梁（Liang）2007、瞿2007、姚2002、布森尼兹（Busenitz）2000
规范压力	1. 公司从行业或职业协会中了解企业社会责任理念。 2. 对社会负责的经营理念备受本地公众的推崇。 3. 公众对企业负责任地对待利益相关者的行为非常赞赏。 4. 公司领导、员工接受的社会责任教育对企业有很强的影响力。	布森尼兹2000、吴（Wu）2003、斯里尼瓦桑（Srinivasan）2002、Nir 2007
认知压力	1. 业内企业因其社会责任履行较好而扩大了它的知名度。 2. 公司密切关注同业在公共关系中的策略和举措。 3. 企业所在的行业组织制定了企业社会责任准则。 4. 社会责任建设做得好的同业在经营中的效益也好。 5. 公司商业伙伴逐渐加强了企业社会责任体系建设。 6. 本地或同业标杆企业社会责任情况对本企业有深刻影响。	特奥2003、Nir 2007、姚2002

来源：本书整理。

三　中介变量

除了将研究视角定位于以往研究关注较少、又对社会责任有重要影响的制度环境和组织合法性以外（黑斯，2008；郭毅，2009；比斯，2007），本书还试图揭示外部环境与企业社会绩效两者之间可能存在的中介过程，即企业社会战略反应这一社会责任管理中的"黑箱"（史密斯，2003；佩里尼 Perrini，2007）。对于企业社会战略反应的量表编制，本书主要参考了丹尼斯-丹尼斯（2002）、赫斯特德（2007）、格林宁（1992）和韦弗（1999b）的研究成果，并根据国内企业社会战略反应相比国外兴起较晚的实际情况，在探索式案例内容分析和文献分析的基础上设置了整合社会计划、激励员工参与和评估社会责任三个维度（具体量表如表5-3所示）。

表5-3　　　　　　　　　企业社会战略反应的测量

变量名	题项	来源或依据
整合社会计划	1. 社会责任管理已被整合到公司整体运营计划中。 2. 在制定战略规划时考虑社会问题对公司的影响。 3. 将社会责任问题以一定的形式向社会报告。 4. 在具体社会责任事件中，相关部门有明确的职责。 5. 制订社会问题解决方案以及相关部门的职责。	丹尼斯-丹尼斯2002、格林宁1992、韦弗1999a
激励员工参与	1. 员工会因有效处理社会责任问题而得到奖励。 2. 公司的一线员工对企业社会责任问题也相当关注。 3. 员工对于在社会责任方面的建议能被公司接受。	赫斯特德2007、丹尼斯-丹尼斯2002、朗斯伯里2001
评估社会责任	1. 公司评估负社会责任的部门或个人的工作绩效。 2. 听取各利益相关者对本公司社会责任行动的评价。 3. 定期对已经履行的社会责任进行书面总结。 4. 公司领导就社会责任问题在公司会议上进行讨论。	韦弗1999a、黑斯2008、丹尼斯-丹尼斯2002

来源：本书整理。

四　调节变量

基于格林宁和格雷和巴苏（1994）和巴苏（2008）等学者提出的组织内部文化和身份导向对企业社会责任行动的方式和社会绩效的高低产生重要影响的观点，并吸收史蒂茨（Stets, 2000）和罗利（2003）提出的不同组织身份导向影响组织的外部认知模式和组织行为的思想，本书将组织的竞争文化导向和人本主义文化导向两个变量作为研究的调节变量。两个变量的量表设计参考了库克和卢梭（Cooke and Rousseau, 1988）和迈尼昂（2001）等研究文献，各包含了一个维度（具体量表如表5-4所示）。

表5-4　　　　　　　　　企业文化导向的测量

变量名	题项	来源或依据
竞争文化导向	相比竞争对手， 1. 本公司更希望有更好的经济绩效。 2. 本公司更希望保持优势的形象。 3. 本公司更希望很容易被大众注意到。 4. 本公司更希望成为市场的核心。	库克和卢梭1998、迈尼昂2001

续表

变量名	题项	来源或依据
人本主义文化导向	相比竞争对手， 1. 本公司更多为社会提供帮助。 2. 本公司更能建设性地解决分歧。 3. 本公司更积极地鼓励其他利益团体。 4. 本公司更能为其他团体的利益思考。	库克和卢梭1988、迈尼昂2001

来源：本书整理。

五 控制变量

基于本书第四章对公司治理模式与企业社会绩效关系的分析，并考虑国内上市公司管理机构对上市公司及其子公司社会责任的监管要求，本书将样本企业是否为上市公司（或其子公司）设定为控制变量。

第三节 数据收集与有效性控制

一 样本与调研对象选择

由于本书涉及的企业社会责任问题是各行业各所有制企业都会面临的有关公司经营伦理和发展模式的基础性问题，也是社会各界普遍关注的热点问题；同时企业嵌入的制度环境在不同的地区，不同的经济、社会发展环境和不同的产业规模中都将体现出不同的关注重点、不同的表现状态和成熟水平。因此，本书的调研样本选择主要考虑以下三个原则：

1. 地域、行业的分散性

本书认为，在不同的地域和行业中获取研究样本有两大优点。首先，可以获得不同地域和不同行业中的企业在社会战略反应和社会绩效表现上的整体信息，从而有助于提高研究的外部效度和研究结论的现实意义。其次，在不同的地域和行业中的企业所感知的规制压力、规范压力和认知压力往往不同，样本在地域和行业中的分散性有助于深入揭示本书的各变量间的内在关系和规律。从样本统计情况来看，本书样本所在地区既包括了浙江、江苏、广东、福建等东部发达地区，也包括了陕西、内蒙古、贵州等中西部欠发达地区；所获得的样本兼有制造（48.2%）、商贸（11.4%）、服务（13.6%）、金融（4.5%）、房地产（6.8%）和其他

(15.5%)等多种行业类别。

2. 企业成立时间、规模、所有制的代表性

相关研究表明,不同的规模和所有制属性中的企业社会战略反应和企业社会绩效可能存在差异(尤西姆,1988;约翰逊和格林宁1999;瞿,2007等),本书试图研究的主要问题是制度环境与企业社会战略反应及社会绩效之间的内在关系,因此兼容不同规模、所有制的调研样本,更有助于反映全面、真实的变量信息。从样本统计情况来看,本书调研样本的企业人数规模、所有制属性和已成立时间都有较好的代表性。其中已成立8年以上的企业占70%,成立3年以下的企业占10%;企业人数在1000人以上的占39%,企业人数在500人以下的占47%;上市公司或其子公司占34%;此外,样本企业在国有、集体、外资、民营和混合所有制中均有分布。

3. 数据获取的达致性

样本企业的配合程度是获得高质量数据的关键。因此在调研样本的选取中,作者尽量邀请地方经济开发区管委会、地方税务局、大学MBA中心和企业联合会等机构帮助选择合适的样本企业,以保证问卷能够得到从事企业社会责任管理的主要负责部门和关键管理人员的填写。

二 问卷发放与回收

问卷发放过程的控制是提高研究有效性和科学性的重要保障。作者注意到,国内管理学界通过问卷方法获取数据存在一定的现实困难,回收率和有效率都较低。主要原因可能在于:(1)企业管理人员往往较为繁忙,其思考重点与研究者的关注重点存在较大的差异性,自然无法将问卷填写作为重要工作给予完成。(2)近年来来自各方面的问卷调查越来越多,企业一则产生了"疲乏"的感觉,二则也怕泄露商业信息。因此,为确保定量研究分析的样本数量,并尽可能满足样本选择的分散性、代表性和达致性原则,本书在设计之初即定下了"早准备""多渠道""多形式"的样本发放准则。具体来看,本书问卷发放和回收途径如下:

(1)通过与本人以及本人所在的学术团队有联系的政府职能部门(包括地方统计局、地方税务局、开发区管理委员会和企业家联合会等)事先帮忙联系企业,然后本人将问卷通过邮寄和E-mail的方式进行发放。由于上述政府机构与企业联系密切,较为了解企业基本信息,因此企业往

往给予较多关注,并能指派相关部门和管理人员填写。在问卷填写过程中,作者与企业和政府机构人员密切沟通,及时解决调研企业可能存在的各项疑问。

(2) 通过本人所在学校的 MBA 任课教师在课余时间集中发放。由于本人所在的大学为国家 985 重点高校,其 MBA 学员往往是企业的中高层管理人员,拥有丰富的企业管理经验和社会责任相关知识,因而也较符合调研需求。在该调研方式中,本人与另外一位企业管理专业的博士研究生能在现场及时解释研究目的和问卷特点,并现场解决调研对象可能存在的疑问。依据前人的研究经验,该方法对提高问卷的质量有较明显的效果。

(3) 通过本人和本人所在研究团队的社会网络关系以及以往建立的协作关系,作者事先联系相关企业的联系人,并通过其将纸质版或电子版问卷发往该企业合适部门的管理人员。按照早准备的原则,该项调研方式是作者最早启动的问卷发放途径。对于未及时回应者,作者也尽可能在一段时间后再次联系,以争取尽可能的答复。

(4) 通过作者所在学校出资购买的 Wind 资讯数据库,下载国内上市公司公开数据中提供的企业 E-mail 信息,通过 E-mail 电子问卷的形式邀请上市公司相关管理人员填写。作者认为,上市公司提供的 E-mail 联络人往往是公司董事会或者总裁办公室的中高层管理人员,对公司社会责任实践和企业外部制度环境较为熟悉,因此邀请其填写本书的调研问卷是一种合理的选择。尽管由于上市公司数量太大,无法事先一一联系,但从仅有的 20 份回复情况看,问卷填写质量较高。

本书的问卷调研工作主要在 2009 年 8 月至 11 月完成,具体发放和回收信息如表 5 – 5 所示。

表 5 – 5　　　　　　　　问卷发放及回收情况表[①]

发放方式	政府机构	教育机构	关系网络	上市公司	总计
发放数量(份)	230	175	87	1000	1492
回收数量(份)	110	103	66	20	299
问卷回收率(%)	47.8	58.9	75.9	2	20

[①] 在数据处理过程中,研究者对于存在缺省数据、明显敷衍了事(比如连续评价值相同、连续评价值特别高或特别低)的问卷视为无效问卷。

续表

发放方式	政府机构	教育机构	关系网络	上市公司	总计
有效问卷数（份）	77	72	55	16	220
有效问卷率（%）	70	69.9	83.3	80	73.6

资料来源：本书整理。

第四节 数据分析方法描述

知识体系的大厦必然建立在规范的研究方法之上；同时，基于一致的范式平台，中国学者将更有希望与西方相对较为成熟的战略管理研究进行交流（刘军，2008）。本书不仅在案例分析中尽量采用国际知名管理学者的方法和思路（如伊，2003b；艾森哈特，1989），在实证研究这一国内外主流的研究范式中亦认真学习、吸收海尔（Hair，2009）等国外知名学者编著的研究方法手册，以达到正确利用数据、合理挖掘信息、科学验证假设的目的。本书的实证部分主要采用了描述性统计分析、信度和效度检验、相关分析与层级回归分析、结构方程模型分析等研究方法。

一 描述性统计分析

描述性统计分析是用数学语言概括和解释一组样本的特征或者样本各变量间关联特征的方法（李怀祖，2004）。它是相关分析、回归分析和结构方程分析前的准备性工作，有助于将众多数据融合在一起，形成对数据集合新的认识。本书的描述性统计内容主要包括企业规模、企业所有制属性、企业行业属性、企业感知的制度压力、企业社会战略反应和企业社会绩效等。

二 信度与效度检验方法

信度和效度是研究者评判一个量表质量高低的两个重要指标。在统计学中，效度经常被定义为测量的正确性，或者是指量表能否测量到其所要测量的潜在概念；而信度是指测量误差的大小，它反映了测量工具的一致性或稳定性的特点（张伟雄等，2008，见陈晓萍等，2008）。对于信度的检查，管理统计学的通行做法是通过量表 Cronbach's α 指数来测定和度量。一般认为，量表的 Cronbach's α 值如果大于 0.7，则表示量表有较好的内部一致性[1];另外,按照研究惯例,量表中的题项—总体相关系数(Item - to - Total Correlation)值应该大于0.35[2]。对于效度检验,研究者认为需要关注两个方面,即内容效度(Content Validity)和建构效度(Construct Validity)。内容效度又称表面效度(Face Validity),它衡量研究者是否提供了足够强和可信的证据来表示其量表建构过程中的理论和主题的适切性。对于建构效度,按照管理统计学相关学者的建议,本书通过因子分析的方法进行检验。

三 相关分析与层级回归分析

相关分析是定量研究两个变量之间线性关系紧密度的统计方法,基于本问卷大部分题项均为刻度级(Scale)数据类型的特征,本书采用Pearson积距相关方法来测量变量之间的相关系数。层级回归分析(Hierarchical Regression)是验证交互效应和调节效应较为通行的研究方法(罗胜强2008,见陈晓萍等2008)。研究者一般先将主效应变量放入回归模型,再将交互或调节变量放入回归模型,检验主效应变量和调节效应变量的T值显著性和ΔR^2的变化情况,从而判定交互或调节效应的显著性。按照罗胜强(2008,见陈晓萍等2008)的观点,由于回归方程已经控制了主效应,因此调节作用对于ΔR^2的影响很小,一般不会达到0.10。

四 结构方程模型分析

结构方程模型(SEM)以其处理多变量研究数据、同时进行潜变量的估计与复杂自变量/因变量预测模型估计的能力,备受管理学者的重视(邱皓政等2008)。由于本书试图定量探讨的企业制度压力、企业社会战略反应和企业社会绩效等变量无法在现实中通过定量指标直接测量,而是通过其他观测指标进行定量反应,即所谓潜变量(Latent Variable),因此应用SEM进行定量研究是较为合适的选择。在具体操作中,结构方程建模包括了模型的设定、识别、估计、评价和修正五个步骤(邱皓政等,2008),并能同时进行潜变量测量和结构路径分析。

---

[1] 海尔(2009)认为对于一些探索性研究,Cronbach's α值高于0.6也是可以接受的。

[2] 按照里特(Ritter, 2002)和库玛(Kumar, 1993)的建议,题项—总体相关系数(Item - to - Total Correlation)值大于0.3即可通过,本书采用以往大多数研究的惯例,采用0.35的标准。

第六章

制度压力对企业社会绩效的实证分析

本书第三章通过多案例探索式研究的方法提出了"企业感知的制度压力存在异质性,并对企业社会战略反应和企业社会绩效产生正向影响"的三个初始命题;本书第四章,作者在仔细剖析制度理论的基本逻辑、制度环境对企业行为的影响以及企业社会责任研究中制度和战略融合特征的基础上,基于相关文献对研究构念之间的关系进行了细化、扩展和综合,通过机理阐述和分层解说,构建了如图4-3所示的整合性理论模型。本章将在第五章研究方法阐述和变量设计的基础上,通过结构方程建模、层次回归分析对问卷调查所获得的数据进行定量描述和分析,以对前文提出的各个假设进行验证性统计分析。本书使用的统计软件主要包括 Lisrel 8.7、SPSS 16.0 和 Excel 2007 等。

第一节 描述性统计分析

通过本书第五章所述的调研问卷发放和回收方法,本书共获得了有效研究样本220份。为了从整体上了解调研样本企业的特征以及主要研究变量的整体表现情况,本节将对样本企业人员规模、所有制属性、行业分布、企业感知的压力、企业社会战略反应、企业社会绩效等变量进行描述性统计,结果如下:

1. 样本企业人员规模

企业的员工数量一直为管理统计研究所关注,并被认为是反映企业规模的重要指标。本书调研样本的员工人数分布较为分散,在各个区间都有一定分布。如表6-1所示,其中1000人以上规模的企业所占比例最大,为39.7%;100人以下的小企业和100—500人的中小企业比例各为23.6%和23.2%;其余14.5%的样本企业属于501—1000人的中等企业。

表6-1　　　　　　　　样本企业人员规模分布

人员规模	频数	频率（%）	累计频率（%）
100人以下	52	23.6	23.6
101—500人	51	23.2	46.8
501—1000人	32	14.5	61.3
1001人以上	85	38.7	100

2. 样本企业所有制属性

如下表所示，在220家样本企业中共有民营企业91家，占据样本的最大比重41.4%；其次则为国有企业62家，占样本总量的28.2%；外资企业和混合所有制企业的比重再次之，分别为19.1%和7.7%；比重最小的则为集体企业，仅8家，占样本总量的3.6%。

表6-2　　　　　　　　样本企业所有制类型分布

人员规模	频数	频率（%）	累计频率（%）
国有企业	62	28.2	28.2
集体企业	8	3.6	31.8
外资企业	42	19.1	50.9
民营企业	91	41.4	92.3
混合所有制企业	17	7.7	100

3. 样本企业行业分布

行业分析也是管理统计中必不可少的关键因素。由于本书考察的是国内企业社会责任的整体情况，因此样本企业行业的多样性将使样本更具普遍性和代表性；但本书并非大规模经济普查，因此以样本企业的产品特征为统计方法，将行业类别划分为如表6-3所示的六类。其中制造业所占的比重最高，达到48.2%；服务业、商贸业为第二梯队，分别为13.6%和11.4%；房地产和金融企业较少，各仅有6.8%和4.5%；此外，还有34家企业属于本书未提及的其他行业类型。

表6-3　　　　　　　　样本企业行业类型分布

人员规模	频数	频率（%）	累计频率（%）
制造	106	48.2	48.2

续表

人员规模	频数	频率（%）	累计频率（%）
商贸	25	11.4	59.6
服务	30	13.6	73.2
金融	10	4.5	77.7
房地产	15	6.8	84.5
其他	34	15.5	100

4. 企业感知的制度压力描述

表6-4给出了样本企业感知的外部制度压力各个维度问项的均值、标准差以及各题项均值在维度内的排序。从表中可以发现，制度压力三个维度的各个题项均值都超过了2.5（本书采用Likert 5分制量表），因此可以从整体上认为样本企业在社会责任议题管理和社会事务处理中，确实感受到了较为明显的制度性压力。其次，作者发现企业感知的规制压力总体上大于规范和认知压力，这从题项均值的高低可见一斑：规制压力的四个问项的均值最大为3.75，最小为3.52；规范压力五个问项的均值最大为3.60，最小为3.44；认知压力与规范压力维度相似，最大为3.68，最小为3.39。

表6-4　　　　　　　　外部制度压力的整体描述

维度	样本数	均值	标准差	维度内均值大小排序
规制压力（E1）				
E11	220	3.70	1.007	2
E12	220	3.66	0.944	3
E13	220	3.75	0.880	1
E14	220	3.52	0.981	4
规范压力（E2）				
E21	220	3.45	0.999	3
E22	220	3.44	0.998	4
E23	220	3.60	0.928	1
E24	220	3.57	0.979	2

续表

维度	样本数	均值	标准差	维度内均值大小排序
认知压力（E3）				
E31	220	3.68	0.961	1
E32	220	3.63	0.973	2
E33	220	3.39	0.993	6
E34	220	3.50	0.972	3
E35	220	3.42	0.969	5
E36	220	3.54	0.957	4

5. 企业社会战略反应描述

本书从三个维度来测量企业社会战略反应这一构念，从表6-5可以看出，各个题项的评分值比较分散，存在较大的差异性。在整合社会计划维度中，均值最大为3.6，最小为3.2；激励员工参与维度中的均值差异相对较小，最大和最小值分别为3.25和3.16；评估社会责任是均值相对较低的维度，最大和最小值各为3.45和3.07，这说明从整体上来看，我国企业社会战略反应前两个维度的采用和实施水平要高于第三个维度。

表6-5　　　　　　企业社会战略反应的整体描述

维度	样本数	均值	标准差	维度内均值大小排序
整合社会计划（B1）				
B11	220	3.41	1.079	3
B12	220	3.60	0.972	1
B13	220	3.20	1.124	5
B14	220	3.52	1.062	2
B15	220	3.25	1.102	4
激励员工参与（B2）				
B21	220	3.24	1.094	2
B22	220	3.16	1.007	3
B23	220	3.35	1.021	1

续表

维度	样本数	均值	标准差	维度内均值大小排序
评估社会责任（B3）				
B31	220	3.08	1.044	3
B32	220	3.45	0.942	1
B33	220	3.07	1.116	4
B34	220	3.20	1.109	2

6. 企业社会绩效描述

表6-6反映了我国企业社会绩效的整体情况。从商业、员工、环保和产品四个社会责任维度横向比较来看，作者发现企业的商业责任绩效高于其他三个维度，产品责任绩效紧随其后；员工责任绩效和环保责任绩效分别位于第三和第四。这个结果也一定程度上反映了我国企业社会责任履行的现实情况，即处于社会责任履行的兴起和发展阶段。一方面，我国企业自从所有制改革、加入WTO以及引入现代公司社会责任理念以来，公司社会绩效无论在水平还是在覆盖层面上都已开始与世界接轨，公司对社会责任的重视明显增强；另一方面，我国的企业社会绩效还存在一定程度的重商业责任和产品责任，轻员工绩效和环保绩效的问题，公司社会责任绩效在整体水平和内部结构上都有继续改进的空间。

表6-6 企业社会战略反应的整体描述

维度	样本数	均值	标准差	维度内均值大小排序
商业责任（C1）				
C11	220	4.10	0.957	1
C12	220	3.71	0.919	3
C13	220	4.07	0.876	2
员工责任（C2）				
C21	220	4.07	0.924	1
C22	220	3.86	0.931	2
C23	220	3.49	1.023	3
C24	220	3.34	0.991	4

续表

维度	样本数	均值	标准差	维度内均值大小排序
环保责任（C3）				
C31	220	3.36	1.018	4
C32	220	3.65	1.065	2
C33	220	3.59	1.076	3
C34	220	3.69	1.092	1
产品责任（C4）				
C41	220	3.88	0.899	2
C42	220	3.96	0.948	1
C43	220	3.79	1.070	3

第二节 效度和信度检验

一 量表的效度检验

前文已经提到，量表的效度一般从内容效度（Content Validity）和建构效度（Construct Validity）两方面进行考察。由于本书的量表是综合企业社会责任和新制度理论的相关研究，吸收借鉴以往成熟量表，并与其他研究人员和企业中高层管理人员认真讨论后形成的，因此可以认为已经具备较高的内容效度。而对于建构效度的检验，以往研究普遍使用了因子分析的方法。吴明隆（2003）认为，若能有效地提取公因子，且此公因子与理论预设得较为接近，则可认为量表具有较好的建构效度。

马庆国（2002）提出，因子分析的前提是变量之间存在相关性，因此需要事先进行 KMO 和 Bartlett 球体检验。马庆国（2002）提醒说，KMO 在 0.9 以上，表示数据非常适合做因子分析；0.8—0.9 表示很适合；0.7—0.8 表示适合；0.6—0.7 表示不太适合；0.5—0.6 表示很勉强；0.5 以下表示非常不适合。而对于 Bartlett 球体检验，研究者主要看其 P 值是否小于给定的显著性水平。以下本书将依照上述评估准则，运用方差最大正交旋转的主成分分析法对主要研究量表进行构建效度检验。

1. 制度压力量表的因子分析

企业制度压力 KMO 值和 Bartlett 球体检验 P 值分别为 0.847 >0.7 和

0.000 < 0.001，均满足因子分析的前提要求，说明样本数据适合做因子分析。再按照特征根大于 1、最大方差和正交旋转进行因子提取后发现，本书共有三个共同因子（如表 6-7 所示），累计方差贡献率为 53.945%，超过了 50% 的最低要求，题项的因子归类也与理论预设相同，说明本书用以反映企业感知的外部制度压力的量表具备较高的建构效度。

表 6-7　　　　　　　　制度压力的特征因子分析结果

题项	共同因子		
	1	2	3
E11	0.200	-0.036	0.801
E12	0.119	0.199	0.807
E13	0.015	0.474	0.618
E14	0.165	0.199	0.650
E21	0.360	0.513	0.307
E22	0.166	0.720	0.215
E23	0.134	0.707	0.183
E24	0.239	0.707	0.001
E31	0.606	0.237	0.035
E32	0.716	0.140	0.055
E33	0.713	0.030	0.134
E34	0.600	0.123	0.233
E35	0.530	0.429	0.148
E36	0.548	0.395	0.155
特征根	4.920	1.512	1.121
方差贡献率	18.869%	17.985%	17.091%
累计方差贡献率	18.869%	36.854%	53.945%

注：主成分分析，方差最大正交旋转法。

2. 社会战略反应的因子分析

对由 12 个题项组成的企业社会战略反应量表进行 KMO 检验和 Bartlett 球体检验，结果为 KMO = 0.895 > 0.7，Bartlett 球体检验 P 值为 0.000 < 0.001，说明数据适合做因子分析。再按照特征根大于 1、最大方差和正交旋转进行因子提取后发现，本书共有三个共同因子（如表 6-8 所示），累计方差贡献率为 60.784%，大于 50% 的最低要求。尽管因子旋转后的

题项设置结果与理论预设基本相同,但作者发现题项 B34 的因子载荷小于 0.5 的标准,说明该题项大部分信息得不到有效解释。从量表内容上看,企业社会战略反应的第三个维度主要反映的是公司的社会责任评估能力和行为,题项 B34 所反映的"公司领导经常就社会责任问题进行讨论"与该维度内涵以及 B31 - B33 反映的公司对社会责任职能履行、行为汇报等内容确实存在一定的偏差。因此,本书将该题项从量表中删除。

量表调整后,作者对企业社会战略反应量表重新进行了因子分析,发现仍然可以提取三个特征根大于 1 的公共因子,三个载荷向量分别为(0.580,0.700,0.713,0.702,0.517)、(0.803,0.673,0.780)和(0.665,0.831,0.665),累计方差贡献率达到 63.038%。

表 6 - 8　　　　　　　社会战略反应的特征因子分析结果

题项	共同因子		
	1	2	3
B11	0.582	0.505	0.046
B12	0.670	0.282	-0.057
B13	0.718	0.039	0.279
B14	0.704	0.035	0.381
B15	0.551	0.201	0.450
B21	0.122	0.796	0.120
B22	0.317	0.677	0.199
B23	0.005	0.768	0.289
B31	0.392	0.204	0.646
B32	0.016	0.182	0.844
B33	0.363	0.352	0.640
B34	0.423	0.450	0.213
特征根	5.064	1.219	1.012
方差贡献率	22.347	20.500	17.937
累计方差贡献率	22.347	42.847	60.784

注:主成分分析,方差最大正交旋转法。

3. 企业社会绩效的因子分析

对由 14 个题项组成的企业社会绩效量表进行 KMO 检验和 Bartlett 球体检验,结果为 KMO = 0.857 > 0.7,Bartlett 球体检验 P 值为 0.000 <

0.001，说明数据适合做因子分析。再按照特征根大于 1、最大方差和正交旋转进行因子提取后发现，本书共有四个共同因子（如表 6-9 所示），累计方差贡献率为 63.758%，大于 50% 的最低要求。从因子归属来看，理论预设四个维度下题项的负荷也都大于 0.5 的载荷标准，因此本书使用的企业社会绩效量表也拥有较好的建构效度。

表 6-9　　　　　　　　企业社会绩效的特征因子分析结果

题项	共同因子			
	1	2	3	4
C11	0.202	-0.015	0.129	0.729
C12	0.105	0.117	0.041	0.764
C13	-0.048	0.266	0.343	0.693
C21	0.044	0.730	0.342	0.022
C22	0.244	0.733	0.201	-0.082
C23	0.228	0.679	0.150	0.255
C24	0.261	0.644	-0.172	0.330
C31	0.670	0.345	0.041	0.265
C32	0.735	0.257	0.213	0.100
C33	0.746	0.136	0.287	0.041
C34	0.732	0.050	0.054	0.061
C41	0.316	0.031	0.707	0.246
C42	0.090	0.113	0.785	0.081
C43	0.089	0.466	0.599	0.140
特征根	4.973	1.436	1.310	1.207
方差贡献率	18.243	17.784	14.187	13.545
累计方差贡献率	18.243	36.026	50.213	63.758

注：主成分分析，方差最大正交旋转法。

4. 企业文化导向的因子分析

本书欲检验竞争文化导向和人本主义文化导向在外部制度压力和企业社会绩效之间是否存在调节关系，因此也需要对以上两个量表进行因子分析。通过 SPSS 的因子分析后发现，两个文化导向各包含一个维度，KMO 值和 Bartlett 球体检验 P 值都符合要求，两个因子分析的方差贡献率分别为 64.331% 和 66.289%。

二 量表的信度检验

李怀祖（2004）指出，Cronbach's α 指数是用来测量定距尺度量表的最常用手段，同时本书第五章也已经说明，Cronbach's α 值大于0.7、题项—总体相关系数（Item – to – Total Correlation）值大于0.35是以往相关研究普遍奉行的评价标准。从表6 – 10 可以看出，各量表无论是构念分维度或是构念的整体测量，均达到了上述标准，因而可以认为本书各量表的信度较高，内部一致性较好。

表6 – 10　　　　　　　　量表的信度检验

构念类别	维度细分	Item – to – Total Correlation 最小值	Item – to – Total Correlation 最大值	Cronbach's α（构念分维度）	Cronbach's α（构念整体）
制度压力	规制压力	0.492	0.680	0.764	0.856
制度压力	规范压力	0.472	0.584	0.733	0.856
制度压力	认知压力	0.467	0.541	0.762	0.856
社会战略反应	整合计划	0.490	0.632	0.775	0.865
社会战略反应	激励员工	0.555	0.601	0.746	0.865
社会战略反应	评估责任	0.554	0.622	0.760	0.865
企业社会绩效	商业责任	0.468	0.516	0.673	0.857
企业社会绩效	员工责任	0.470	0.628	0.757	0.857
企业社会绩效	环保责任	0.493	0.656	0.787	0.857
企业社会绩效	产品责任	0.505	0.558	0.708	0.857
竞争性文化导向		0.575	0.738	0.809	
人本文化导向		0.600	0.722	0.830	

第三节　Pearson 相关分析

Pearson 相关分析尽管只考察变量间的相互影响、相互作用的可能性，并不反映变量间的因果关系，但通过相关性检查，有助于研究者初步判断前文构建的模型和假设的合理性。在前文因子分析的基础上，本书利用题项合并的数据浓缩方法（班德罗斯 Bandalos，2002；侯杰泰等，2004），即以各维度所包括的题项得分的均值作为该维度的得分，对本书主要考察的 12 个变量进行了 Pearson 相关分析。从表 6-11 可以看出，各主要研究变量之间关联性较好，制度压力的各个维度与企业社会战略反应和企业社会绩效的各维度都不同程度地存在显著的正相关关系，这初步反映了本书理论模型构建的合理性。

第四节 构念间关系的结构方程模型分析

从制度环境入手分析企业社会战略和企业社会绩效的作用机制，不仅需要扎实的理论推理和案例探索，还需要较为严谨的实证统计对命题和假设进行科学验证，这不仅有助于丰富企业社会责任驱动机制的相关研究结论（索帕尔 Sonpar，2009），对战略的制度基础观和新制度理论的应用和拓展亦有裨益（彭，2002）。鉴于结构方程能同时进行潜变量[①]测度和构念间关系分析的独特能力以及直接检验管理研究中普遍存在的中介效应（mediation effects）的突出特征，本书拟采用结构方程模型对前文第四章提出的假设进行全模型分析（调节效应关系的验证将采用层级回归分析的方法进行检验）。为了正确、全面验证前文第四章提出的有关假设，本书将分两步进行构念间关系的结构方程模型分析，首先，将制度压力作为一个整体构念纳入全模型中，初步验证相关假设；其次，将制度压力的三个维度作为三个独立构念纳入全模型中，进一步探究规制、规范和认知压力对企业社会战略反应和企业社会绩效的关系。

目前管理学界流行的结构方程分析统计软件主要包括 Lisrel、AMOS、EQS 和 Mplus 等（侯杰泰等，2004），但 Lisrel 软件包以其清晰的编码过程、深切的原理透视以及详细的指数报告被许多研究者奉为专业研究的首选，本书也将使用由 SSI 公司开发的 Lisrel 8.7 进行分析。

[①] 在管理学、心理学、教育学等研究中许多变量是不可直接测量的，一般称为构念（Construct），在不做具体区分时，可以统称为变量，但在强调其不可直接测量特征时，往往将这些变量称为潜变量。

表6-11　主要变量间的平均值、标准差和Pearson相关系数

序号	变量	Mean	S.D.	1	2	3	4	5	6	7	8	9	10	11	12
1	规范压力	3.658	0.730	1											
2	规制压力	3.517	0.727	0.491**	1										
3	认知压力	3.525	0.656	0.419**	0.587**	1									
4	整合计划	3.395	0.775	0.385**	0.421**	0.418**	1								
5	激励员工	3.253	0.848	0.295**	0.466**	0.362**	0.516**	1							
6	评估责任	3.200	0.852	0.419**	0.491**	0.472**	0.618**	0.514**	1						
7	商业责任	3.962	0.714	0.272**	0.338**	0.257**	0.138**	0.240**	0.210**	1					
8	员工责任	3.691	0.736	0.437**	0.415**	0.410**	0.436**	0.416**	0.444**	0.372**	1				
9	环保责任	3.572	0.830	0.371**	0.409**	0.391**	0.490**	0.446**	0.521**	0.333**	0.515**	1			
10	产品责任	3.876	0.775	0.313**	0.404**	0.406**	0.402**	0.257**	0.402**	0.404**	0.486**	0.456**	1		
11	竞争文化	4.142	0.697	0.173**	0.137**	0.324**	0.101	−0.010	0.092	0.454**	0.232**	0.146**	0.265**	1	
12	人本文化	3.524	0.787	0.413**	0.488**	0.533**	0.505**	0.441**	0.479**	0.268**	0.614**	0.457**	0.440**	0.225**	1

一 整体制度压力的全模型分析

(一) 结构方程的变量以及路径设定

本章第二节的分析表明,本书主要构念量表的信度和效度都达到了较为理想的标准,因此可以将多个测量指标缩减为单一测量指标,这也符合通过因子分析进行数据化简的目的(Data Reduction)(马庆国,2002)。具体方法是先以各维度所包含的题项得分的均值作为该维度的得分,再以该维度作为全模型分析中潜变量的观测指标进行分析。实际上,在结构方程应用中,题项组合(Item Parceling)一直是研究者经常使用的方法(方刚 2008)。例如,班德罗斯(2002)认为,在因子结构已经知晓的前提下,经过题项合并而构建的结构方程能产生更好的拟合效果。此外,本书还充分注意到了结构方程建模对于样本数量的要求,农纳利(Nunnally,1967)和施瓦布(Schwab,1980)被他人经常引用的建议是:样本量是观察变量数的十倍。鉴于问卷调研的困难性,本书的有效样本量为220个,因此遵循侯杰泰等学者的建议(侯杰泰等,2004),按照将题项合并成小组(Parcel)的方法进行指标缩减。在上述研究方法指导下,第一步全模型分析中各潜变量的观测指标如下:(1)制度压力的观测指标为:规制压力(E1)、规范压力(E2)和认知压力(E3);(2)企业社会战略反应的观测指标为:整合社会计划(B1)、激励员工参与(B2)、评估社会责任(B3);(3)企业社会绩效的观测指标为:商业责任绩效(C1)、员工责任绩效(C2)、环保责任绩效(C3)、产品责任绩效(C4)[①]。

本书基于前文第三章、第四章构建的"制度压力—社会战略反应—社会绩效"的理论框架进行了结构方程模型刻画以及变量路径设置(图6-1是第一步全模型分析的路径图)。该模型共有外源观察变量3个(E1、E2、E3),内源观察变量7个(B1、B2、B3、C1、C2、C3、C4),外源潜变量1个(E),内源潜变量2个(B、C)。此外,结构Lisrel软件包基于统计调研中不可避免的误差问题,自动引入了12个观测变量和潜变量

---

① 为了增强研究结论的鲁棒性(Robustness),作为竞争性模型,本书还进行了制度压力构念不进行题项合并、直接由14个观测数据作为观测指标的全模型分析。该竞争性模型的拟合指数也较为理想,且 $\lambda_1—\lambda_3$ 三条路径系数的 T 检验值均大于1.96的临界标准,路径系数也与题项合并后的全模型分析相近。

的残余变量（Residual Variance）。在此基础上，整体制度压力的全模型分析共设置了 3 条结构路径，即 2 条外源潜变量对内源潜变量路径（λ1 和 λ3），1 条内源潜变量对内源潜变量产生的路径（λ2）。

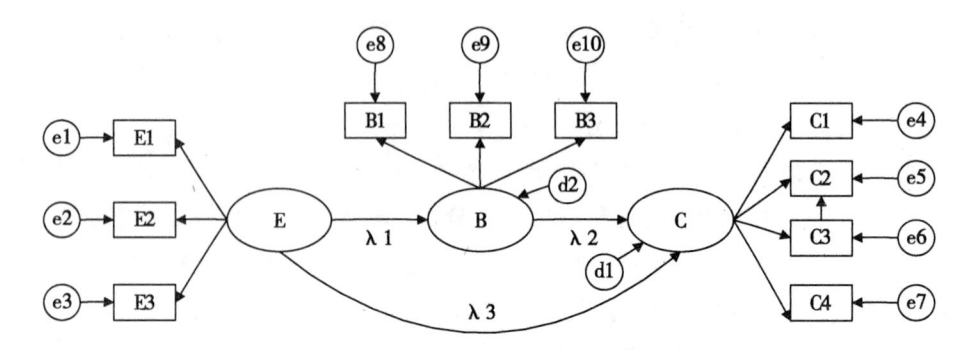

图 6-1　整体制度压力的全模型路径

（二）结构方程的数据要求和评价指标

本节整体制度压力的全模型分析中，共有 10 个观察变量，因此符合样本量与观察变量之比大于 10 的样本要求［当然，结构方程的样本量也并非越多越好，如果样本量超过 500，则最大似然法（Maximum Likelihood Estimates，MLE）会存在过于敏感等现象］。本书有效样本量为 220，适宜采用最大似然法进行估计。此外，考虑到估计方法受到观测变量分布情况的影响，本书对所有变量的偏度和峰度进行了检验，所有变量的偏度和峰度都远远小于 Skewness 绝对值小于 3（所有变量的 Skewness 绝对值为 0.090—1.218）、Kutosis 绝对值小于 10（所有变量的 Kutosis 绝对值为 0.019—1.191）的临界要求。

结构方程拟合不仅对样本量、数据分布和类型有具体的规定，在模型拟合完成后，还同时输出非常详细的评估指标体系，用以对"研究者所提出的变量间关联的模式是否与实际数据相拟合"进行评价（李怀祖，2004），也就是我们一般所谓的模型拟合检查。从机理上来看，要检验模型是否与数据拟合，需要比较再生协方差和样本协方差矩阵的差异（侯杰泰等，2004）。在以往文献中，已经出现了数十种用以评估拟合程度的指数，基本都以 χ^2 为基础。李怀祖（2004）与侯杰泰等（2004）将拟合指数分为绝对拟合指数、增值拟合指数、简约拟合指数和离中拟合指数四种，但从现有的文献来看，具体使用哪些指数并未定论，不同指数的采用标准也仍不尽相同。但有一点得到了绝大多数研究者的普遍认同，即应该采用多种拟合优度指标对结构方程进行评估，而不能只依赖一个。本书根据邱皓政（2009）、侯杰泰（2004）和刘军（2008）的建议，制定了以下结构方程评估体系表。

表6-12　　　　　　　　　结构方程的评价指标

名称	指标内涵或性质	范围	判断值	指标设计原理
χ^2/df	考虑模型复杂度后的卡方值	—	<3	不受模型复杂度影响
PGFI	考虑模型的简洁性	0—1	>0.50	说明模型的简单程度
NFI	比较假设模型与基准模型的卡方差异	0—1	>0.90	说明模型较零模型（null model）的改善程度
NNFI	考虑模型复杂程度的NFI（考虑自由度）	0—1*	>0.90	不受模型复杂度影响
CFI	统计总体中设定模型与实际数据的差异	0—1	>0.90	说明模型较零模型（null model）的改善程度
RMSEA	比较理论模型与饱和模型的差距	0—1	<0.08	不受样本数与模型复杂度影响

注：*表示可能超出此范围。

（三）结构方程的拟合结果与评估

通过协方差矩阵的导入和Lisrel软件包的迭代运算，本书得到了整体制度压力与企业社会战略反应、企业社会绩效之间的相互关系以及各潜变量与对应测量值的因子负荷量（如图6-2所示）。与此同时，表6-13给出了本次结构方程拟合的各项指数。

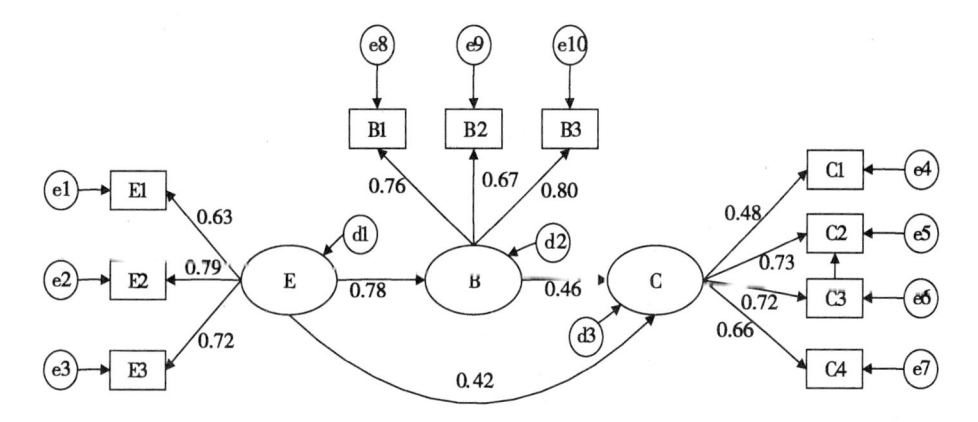

图6-2　整体制度压力的全模型运行结果

表 6-13　　整体制度压力的全模型路径系数和检验指数

路径描述	路径系数	标准化估计值	显著性 T 检验
社会战略反应←整体制度压力	λ1	0.78	8.61（>1.96）
社会绩效←社会战略反应	λ2	0.46	3.24（>1.96）
社会绩效←整体制度压力	λ3	0.42	2.93（>1.96）
拟合检验指标	本次拟合的统计值	临界参考值	
χ^2/df	1.535	<3	
PGFI	0.56	>0.50	
NFI	0.97	>0.90	
NNFI	0.99	>0.90	
CFI	0.99	>0.90	
RMSEA	0.047	<0.08	

　　本书第一步结构方程检验是以规制、规范和认知压力三个维度为观测变量，将制度压力作为一个整体构念纳入全模型分析中，因而最重要的待检验路径为如图 6-1 所示的 λ1、λ2 和 λ3 三条。从表 6-13 可以看出，本次结构方程拟合在整体上和路径参数的显著性上都呈现了较好的拟合效果。χ^2/df 值为 1.535，小于 3 的临界标准；RMSEA 这个被广泛重视和应用的统计指标值为 0.047，小于 0.08 的临界要求（黄芳铭，2002）；NFI、NNFI 和 CFI 指标都超过了 0.9 的拟合要求。从结构路径上来看，λ1、λ2 和 λ3 三条路径都通过了 T 值大于 1.96 的显著性检验，并与理论预期的方向一致。此外，各潜变量的因子载荷的 T 值也都大于 1.96 的临界标准。

　　值得说明的是，本次拟合结果中，Lisrel 软件包给出了两条修正指数大于 5 的建议，分别为 B→C1 和 B→C3。但许多结构方程的方法专家指出，"结构方程应用于管理学领域，通常是作为理论验证性技术而存在，如果没有充分的理由，不应该遵照运算结果给出的修正指数而调整模型（玛库莱斯 Marcoulides，1996）"。邱皓政（2009）也提醒说，对模型进行修改，特别是对残差间的关系进行修正，更需要较强的理论依据。从本书来看，构念 B 是指企业在外部制度压力下在制订社会战略规划、安排相关工作职能、激励企业员工参与和评估社会责任中的能力和具体行为，是社会责任履行中的内部反应过程，而 C1 和 C3 分别表示了企业在商业责任和环保责任两个维度的社会绩效的结果，重点关注的是利益相关者的需求和态度，两者之间并无直接的构念和指标之间的对应关系。因此，本书并未按照 Lisrel 的建议对模型进行修正。

（四）影响效应与假设验证分析

结构方程使得变量间的关系能以直观的方式呈现，特别是对于本书特别关注的制度压力与企业社会绩效之间的直接关系和经由企业社会战略反应形成的间接效应（中介效应），图 6-2 给出了明确信息，这也有利于研究者清晰地展示整体制度压力对中介变量和因变量的影响效应。一般而言，构念间的影响关系可以区分为直接效应（Direct Effect）、间接效应（Indirect Effect）和总效应（Total Effect）三个方面。在本次拟合结果中，三个构念间的路径系数都达到了显著性水平，因此可以将影响效应分解如下表所示。

表 6-14　　　　　　　第一步全模型分析的影响效应关系

影响潜变量	影响效应	被影响潜变量	
		企业社会战略反应	企业社会绩效
整体制度压力	直接效应	0.78	0.42
	间接效应	/	0.35
	总效应	0.78	0.77
企业社会战略反应	直接效应	/	0.46
	间接效应	/	/
	总效应	/	0.46

注："/"表示本身即不存在。

基于结构方程检验的第一步，即整体制度压力的全模型统计分析及其影响效应分析，我们可以发现外部制度压力与企业社会战略反应之间的正向作用非常明显（标准化后的路径系数达到 0.78，$P<0.001$），外部的制度压力确实是企业采取社会战略反应的重要推动力量，故本书提出的假设 4 可获得支持；同时，外部制度压力对企业社会绩效也有十分明显的正向影响作用（标准化后的路径系数达到 0.42，$P<0.01$），即本书提出的假设 5 可获得支持。企业感知的制度压力对企业社会战略反应和企业社会绩效的不同路径系数也符合理论的预期，因为作者认为社会战略反应是企业思考、理解利益相关者需求，评估自身能力和优势，调用人力、物力进行社会事务参与并持续改进的过程，因而可以理解为外部制度压力的直接受力对象；而企业社会绩效是对其社会责任评估的结果指标，由于受到企业

规模、企业行业特征或者高层管理者态度等多元因素的影响，因而影响程度会相应降低。此外，企业社会战略反应与企业社会绩效之间的关系也符合理论预期（路径系数为 0.46，$P<0.01$），说明企业社会责任的理解、整合、管理和控制能力对企业公司社会绩效也有非常明显的促进作用（在下一章结论讨论中还将进一步阐述）。因此，本书的假设 9 可获得支持。最后，按照中介效应的定义和上述研究结论，本书的假设 10（企业社会战略反应在制度压力和企业社会绩效之间的中介效应）也得到了支持；同时，作者发现本次中介作用是罗胜强（2008，见陈晓萍等 2008）等学者总结的部分中介作用。

二 分维度制度压力的全模型检验

（一）结构方程的变量以及路径设定

前一小节，作者将企业感知的制度压力作为一个整体构念纳入全模型中，初步验证了制度压力对企业社会绩效和企业社会战略反应的显著正向作用。但正如本书第二章和第四章所分析的，斯科特（2001）提出的制度压力"三支柱"各有其不同的社会承诺和组织合法性基础，其压力来源和作用机制也不尽相同。而以往对于制度压力和企业社会绩效的机理分析往往仅从制度压力这一整体构念切入（戴尔玛斯，2008、谭，2009 和阿奎莱拉，2007 等），实证或案例研究中更是鲜有同时将制度压力的三个维度与企业社会绩效之间的关系进行定量分析的先例（例如，瞿 2007 和盛斌 2009 主要从政府规制维度对企业承担社会责任的驱动效应进行了分析，格林宁 1994 主要从规范压力视角分析了非营利组织和媒体对企业社会议题管理的影响关系）。为了更清晰地探索三个维度的制度压力对企业社会战略反应和企业社会绩效不同的影响关系，检验社会战略反应在三种制度压力和企业社会绩效之间中介效应的显著性，本节将把企业感知的制度压力作为三个独立的构念同时纳入结构方程的全模型中，以检验前文提出的假设。

基于上述考虑并依照本书第四章提出的理论框架，作者构建了如图 6-3 所示的分维度制度压力的全模型分析框架。该模型共有外源观察变量 14 个（包括 E11-E14；E21-E24；E31-E36），内源观察变量 7 个（包括 B1-B3；C1-C4）。由于制度压力已经分解为三个独立构念，因此 3 个外源潜变量（E1、E2 和 E3）不再像第一步结构方程那样进行题项合并工作,而 2 个内源潜变量(B 和 C)的观察变量仍由各自的构念维度作为其观察指标。相应地,Lisrel 软件包基于统计调研中不可避免的误差问题,自动引入了 23 个观察变量和潜变量的残差变量。在本次全模型分析中,作者共设置了 6 条外源潜变量对内源潜变量的结构路径(λ1 - λ6),以及 1 条内源潜变量对内源潜变量产生的结构路径(λ7)。

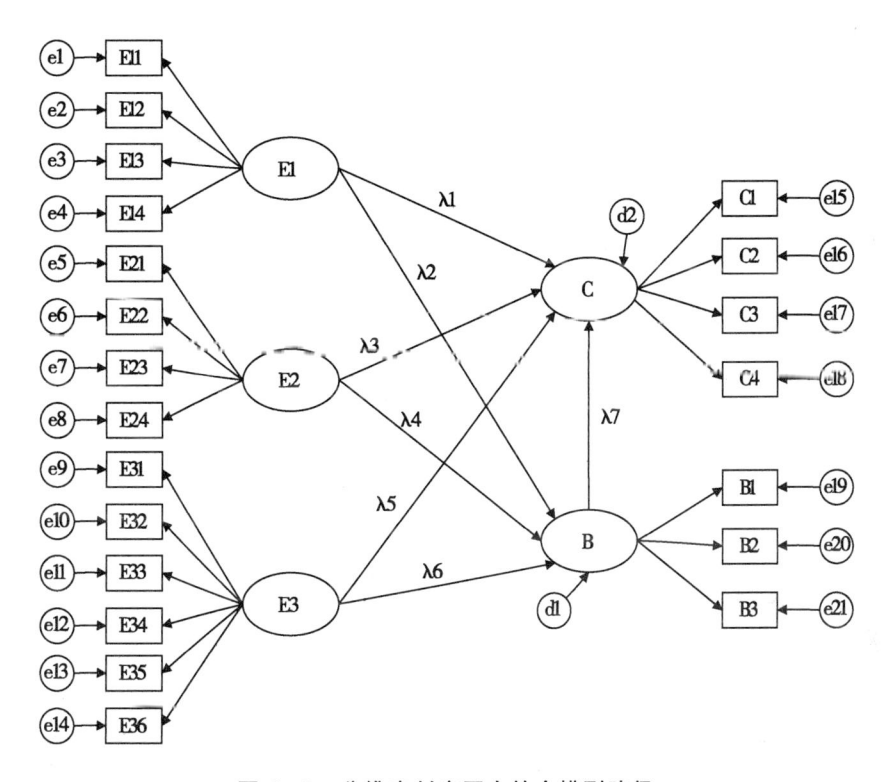

图 6 - 3 分维度制度压力的全模型路径

此次全模型分析共有 21 个观察变量,因此符合样本量与观察变量之比大于 10 的样本要求(样本量为 220)。同时,基于数据输入的分布要求,本书对所有变量进行了偏度和峰度检验,结果显示所有变量的偏度和峰度都远远小于 Skewness 绝对值小于 3、Kutosis 绝对值小于 10 的临界要求。

(二)结构方程的模型评估与修正

通过协方差矩阵的导入和 Lisrel 软件包的迭代运算,本书得到了规制压力、规范压力和认知压力与企业社会战略反应、企业社会绩效等构念之间的相互关系以及各潜变量与对应测量值的因子负荷量(如图 6 - 4 所示)。与此同时,表6-15给出了本次结构方程拟合的各项指数和路径系数的标准化值。

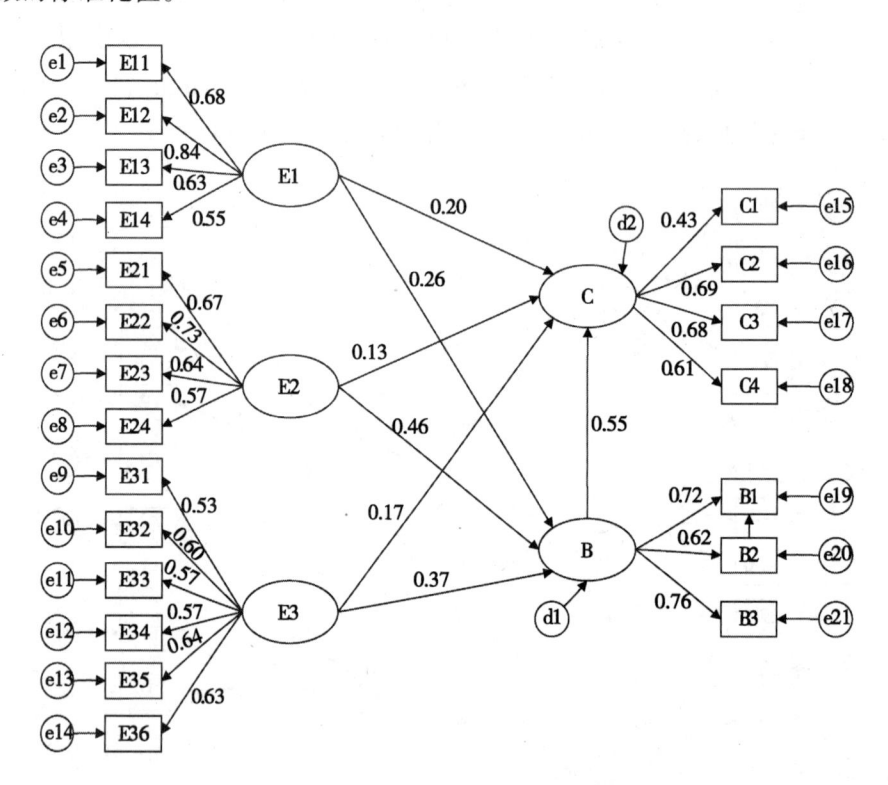

图6-4 分维度制度压力的全模型运行结果

表6-15 分维度制度压力的全模型路径系数和检验指数

路径描述	路径系数	标准化估计值	显著性T检验
社会绩效←规制反应	λ1	0.20	2.44（>1.96）
社会战略反应←规制压力	λ2	0.26	3.29（>1.96）
社会绩效←规范压力	λ3	0.13	1.27（<1.96）
社会战略反应←规范反应	λ4	0.46	4.88（>1.96）
社会绩效←认知压力	λ5	0.17	1.87（<1.96）
社会战略反应←认知反应	λ6	0.37	4.01（>1.96）
社会绩效←社会战略反应	λ7	0.55	4.26（>1.96）
拟合检验指标	本次拟合的统计值	临界参考值	

续表

路径描述	路径系数	标准化估计值	显著性T检验
χ2/df	2.46	<3	
PGFI	0.66	>0.50	
NFI	0.90	>0.90	
NNFI	0.93	>0.90	
CFI	0.94	>0.90	
RMSEA	0.079	<0.08	

本书第二步结构方程检验是将三种制度压力分别作为独立构念纳入全模型分析中，因而最重要的待检验路径为如图 6-3 所示的 λ1—λ7 七条。从表 6-15 可以看出，本次结构方程拟合情况基本理想，其中 χ2/df 值为 2.46，小于 3 的临界标准；RMSEA 值为 0.079，也小于 0.08 的临界要求（黄芳铭，2002）；NFI、NNFI 和 CFI 指标都达到了 0.9 的拟合要求，各潜变量因子载荷的 T 值也都大于 1.96 的临界标准。但在结构路径上，尽管大部分路径系数都与理论预设的正负性质一致，且都超过了 1.96 的临界标准；但规范压力到企业社会绩效的路径 λ3 和认知压力到企业社会绩效的路径 λ5 未能通过 T 检验，即这两项假设在此次全模型分析中未获通过。

正如前次全模型分析所指出的，Lisrel 软件包在给出预设拟合路径的同时，可以提供路径设置或因子载荷设置的修正指数，以供研究者参考。在此次全模型拟合后，Lisrel 共给出了 8 条潜变量与观察变量之间的修正建议和 5 条残差间的相关建议（即以上变量间或残差项间的 MI 值大于 5，具体如表 6-16 所示）。

表 6-16　　　　　　分维度制度压力全模型拟合后的建议修正值

建议修正的因子载荷（MI 修正值）				
E21 <—> E1 (9.39)	E13 <—> E2 (21.34)	E35 <—> E2 (8.74)	E36 <—> E2 (8.98)	E21 <—> E3 (19.7)
E24 <—> E3 (8.65)	C1 <—> B (8.73)	C3 <—> B (9.76)		
建议修正的残差相关（MI 修正值）				
e4 <—> e6 (10.44)	e8 <—> e13 (9.39)	e9 <—> e10 (15.1)	e13 <—> e14 (9.47)	e15 <—> e19 (8.75)

尽管 Lisrel 给出了相关修正建议，但正如本书前一小节所指出的，"结构方程通常是作为一种理论验证性技术而存在，如果没有充分的理由，不应该遵照运算结果给出的修正指数而调整模型"（玛库莱斯，1996，转引自刘军 2008）。也就是说修正指数往往是数据驱动的（方刚 2008），对其修正需要有较充分的理论依据，模型修改应该慎之又慎。本书遵照邱皓政（2009）的建议，不对残差间的相关进行模型修正。对于因子载荷的八项修正指数，本书按照理论上是否有建构意义进行考察。作者发现，以上修正路径中仅有 E21 < — > E3 一条路径具有理论上的合理性。因为 E21 所表述的"公司从行业或职业协会中了解企业社会责任理念"也可能是 E3 企业认知压力的潜在来源，它可能对本公司的身份认知和模仿趋同产生影响。因此，本书拟对理论模型进行微小修正，添加上述因子载荷。

（三）修正后的模型拟合结果

图 6-5 给出了修正后的分维度制度压力全模型分析；表 6-17 是修正后模型拟合评价指数和结构路径标准化值。

对比修正前和修正后的全模型运算结果，作者发现因子载荷仅在相关观察变量上有轻微变化，结构路径系数变化也不是很大。对比修正前后的模型拟合指数作者发现，修正后各项拟合评估指数仍都在临界参考值以内，且拟合统计值较修正前有所改善（如表 6-17 所示），因而证明 "E21 < — > E3" 的载荷路径修正对模型整体拟合产生了积极效果。在路径系数中，作者发现除"社会绩效←规范压力"和"社会绩效←认知压力"两条结构路径外（与修正前相同），其他所有假设路径都通过了 1.96 的临界标准。此外，所有潜变量在观察变量上的因子载荷也都通过了 1.96 的临界标准，测量误差也未出现负值。基于上述分析结果，本书将修正后的模型作为最终的结构方程模型进行后文的假设验证分析和进一步讨论的依据。

表 6-17　修正后分维度制度压力的全模型路径系数和检验指数

路径描述	路径系数	标准化估计值	显著性 T 检验
社会绩效←规制反应	λ1	0.20	2.44（>1.96）
社会战略反应←规制压力	λ2	0.25	3.25（>1.96）
社会绩效←规范反应	λ3	0.13	1.35（<1.96）

续表

路径描述	路径系数	标准化估计值	显著性T检验
社会战略反应←规范压力	λ4	0.40	3.96（>1.96）
社会绩效←认知反应	λ5	0.16	1.69（<1.96）
社会战略反应←认知压力	λ6	0.45	4.55（>1.96）
社会绩效←社会战略反应	λ7	0.55	4.28（>1.96）
拟合检验指标	修正后的拟合统计值	修正前的拟合统计值	临界参考值
χ^2/df	2.30	2.46	<3
PGFI	0.67	0.66	>0.50
NFI	0.91	0.90	>0.90
NNFI	0.94	0.93	>0.90
CFI	0.95	0.94	>0.90
RMSEA	0.076	0.079	<0.08

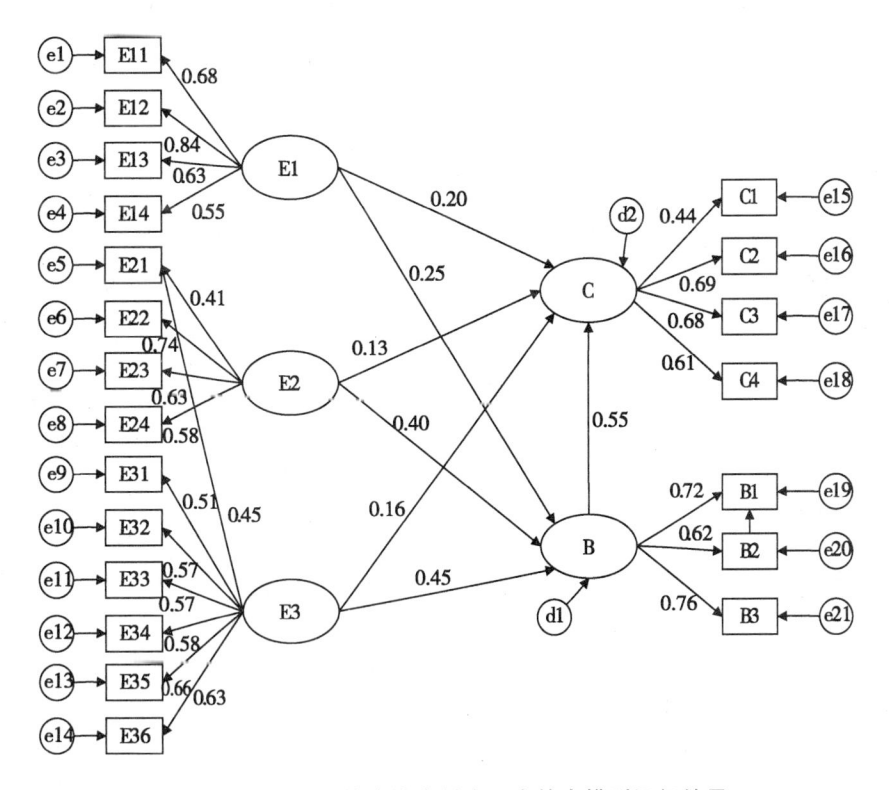

图6-5 修正后的分维度制度压力的全模型运行结果

(四) 影响效应与假设验证分析

在模型确定的基础上,为了清晰地说明各构念间的影响关系,作者进行了影响效应的分解工作。与上一节的研究方法相似,总效应由直接效应和间接效应两部分组成(具体如表 6-18 所示)。

表 6-18　　　　　第二步全模型分析的影响效应关系

影响潜变量	影响效应	被影响潜变量	
		企业社会战略反应	企业社会绩效
规制压力	直接效应	0.25	0.20
	间接效应	/	0.14
	总效应	0.25	0.34
规范压力	直接效应	0.40	—
	间接效应	/	0.22
	总效应	0.40	0.22
认知压力	直接效应	0.45	/
	间接效应	/	0.25
	总效应	0.45	0.25
企业社会战略反应	直接效应	/	0.55
	间接效应	/	/
	总效应	/	0.55

注:"/"表示本身即不存在;"—"表示因该路径不显著而不存在。

基于结构方程检验的第二步,即分维度制度压力的全模型拟合及其影响效应分析,作者发现规制压力、规范压力和认知压力对企业社会战略反应的正向影响作用十分显著,标准化路径系数分别为 0.25($P<0.01$)、0.40($P<0.001$)和 0.45($P<0.001$),表明在企业制度环境的多维度合法性约束下,法律法规与政策导向、行业准则和公众价值观、企业的身份认知和行为模仿等制度要素对企业社会战略反应有显著影响,本书的假设 1、假设 2 和假设 3 成立。基于上述结论,并联系拟合结果中社会战略反应对企业绩效的影响系数的正向显著关系(标准化路径系数为 0.55, $P<0.001$)和中介效应的定义(温忠麟等,2005)我们不难得出,本书的假设 10a、假设 10b 和假设 10c 也获得通过。再次,从结构方程检验的第二步的路径系数分析中我们发现,三种制度压力对与企业社会绩效的实际影响关系与前文理论预设有所不同。其中,规制压力对于企业社会绩效

的标准化路径系数为 0.20（$P<0.01$），假设 6 获得支持；但规范压力和认知压力对于企业社会绩效的标准化路径系数尽管也均为正（分别为 0.13 和 0.16），但其 T 值均小于 1.96，即前文假设 7 和 8 未获得支持。这表明，尽管制度压力在整体上能产生显著的正向作用（如结构方程的第一步检验结果所示），但只有规制压力能直接作用于企业社会绩效，而规范压力和认知压力对社会绩效的影响关系则更多的是间接和潜在的作用机制，而非显性和直接的。作者认为，规制压力往往来源于政府的法律、法规和政策导向，其核心规则是奖励或者惩罚机制，强制性色彩较浓；而规范压力和认知压力往往来自行业协会、公众媒体、非营利组织、同行压力和自我组织身份的认知，强制性相对较弱。而且，后两种制度压力相比规制压力，其影响效应往往是缓慢的、渐进的，因而较可能通过公司对社会责任的认知水平、社会计划整合机制和社会责任控制能力的提高而间接影响社会绩效。也就是说，已经得到支持的假设 10a、假设 10b 和假设 10c 所体现的中介作用呈现出两种不同类型：社会战略反应在规制压力和社会绩效中承担了部分中介作用，但在规范压力、认知压力与社会绩效的关系中承担了完全中介作用。

第五节 调节效应的检验

相比于中介模型解释内部作用机制的特征（例如本书中所呈现的企业社会战略反应过程），调节变量主要考虑了不同条件下某种作用关系的变化情况。基于企业文化（霍华德 - 格伦维尔 Howard - Grenviiie，2003）和组织身份导向与企业社会责任关系（布里克森 2005、2007）的相关研究结论，本书认为竞争文化导向较强的企业往往拥有追求卓越和争创一流的特征，因而组织感知的制度压力和企业社会绩效之间的关系也会愈强；人本主义导向较强的企业往往更趋向于关心社会和员工利益，因而组织感知的制度压力和企业社会绩效之间的关系也会愈强。

本节应用逐步在回归方程中加入控制变量、自变量与调节变量（以上两个合称主效应变量）以及由自变量和调节变量构成的交互项的层级回归方法（Hierarchical Regression Model）对上述关系进行了实证检验，其变量设置如下：因变量为企业社会绩效，由四个维度的指标平均而成；主效应变量为外部制度压力和竞争文化导向（或人本文化导向），其中制度压力也由三个维度的测量指标平均而成,竞争文化导向(人本文化导向)变量由四个测量指标平均而成;交互项为两个主效应变量的乘积项;控制变量为反映样本企业是否为上市公司的虚拟变量(哑变量)。为了克服加入交互项可能带来的多重共线性问题(温忠麟等,2004),消除不同变量间均值的差异,本书依据以往研究惯例,对构成交互项的主效应变量进行了"中心化转换(Centering Transformation)",即将组成交互项的变量减去其均值,使得变量分布转换为围绕零分布,然后再用减均值后的数值相乘构成交互项(及相应的主效应变量)。两个回归方程的检验结果如表6-19和表6-20所示。

表6-19　　　　竞争文化导向调节效应的层级回归分析结果

		模型一		模型二		模型三		
		系数	T值	系数	T值	系数	T值	VIF
控制变量	上市类型	0.195**	2.940	0.110*	2.100	0.103*	1.989	1.024
主效应	制度压力			0.533***	9.869	0.483***	8.497	1.223
	竞争文化			0.207***	3.841	0.245***	4.438	1.159
调节效应	制度压力×竞争文化					0.144**	2.580	1.176
R Square		0.038		0.415		0.432	DW 1.832	
Adjusted R Square		0.034		0.407		0.422	F-statistic P 0.155	
R Square Change				0.377		0.017	Obs*R^2 P 0.157	

注:$*P<0.05$;$**P<0.01$;$***P<0.001$。

在竞争文化导向的调节效应层级回归中,作者首先将上市公司类型这一控制变量放入模型,发现其为正向显著,说明我国上市公司(或其分子公司)的企业社会绩效优于非上市公司(统计中作者将上市公司设定为1,非上市公司设定为0);其次,作者将主效应变量放入回归方程中,发现制度压力和竞争文化的回归系数都为正向显著,这一方面再次印证了本书前文已经获得支持的假设5,同时也表示竞争性的企业文化导向能正向影响企业的社会绩效。最后,作者将调节项纳入回归方程中,包括控制变量、主效应变量和调节项变量在内的四个自变量都通过了显著性检验。因此,竞争性文化导向在制度压力和企业社会绩效之间承担了调节作用的假设11得到了验证,当企业竞争导向较高时,制度压力对企业社会绩效的正向影响关系也将越明显(如图6-6所示)。表6-19最后一列报告的是

第六章　制度压力对企业社会绩效的实证分析

回归模型三各个变量的方差膨胀因子（VIF），由于所有的 VIF 值都在 1—2，远小于 10 的临界标准，因此模型三的回归方程不存在严重的多重共线性问题；同时，模型三的 DW 值为 1.832，接近于 2，说明该方程没有自相关问题；而 F–statistic P 和 Obs*R^2 P 都大于 0.05，则说明了本次回归不存在异方差问题。

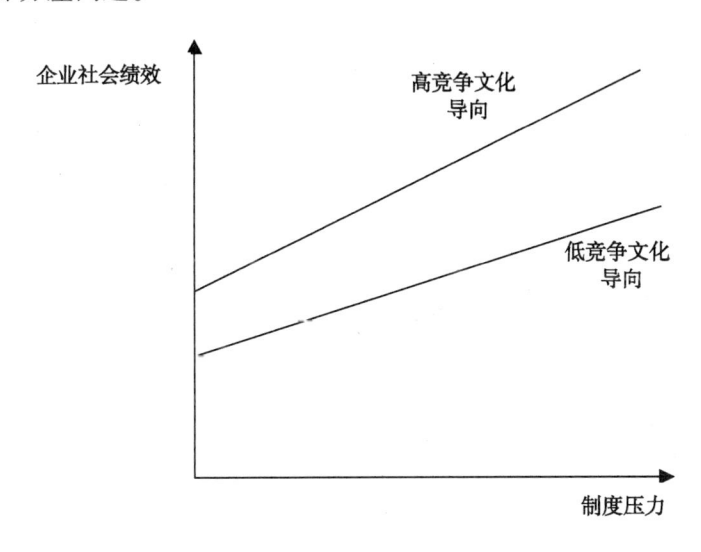

图 6-6　竞争文化导向在制度压力和企业社会绩效之间的调节作用

表 6-20　　人本主义文化导向调节效应的层级回归分析结果

		模型一		模型二		模型三		
		系数	T 值	系数	T 值	系数	T 值	VIF
控制变量	上市类型	0.195**	2.940	0.099	1.953	0.099	1.947	1.024
主效应	制度压力			0.382***	6.173	.381***	6.155	1.518
	人本文化			0.353***	5.685	0.351***	5.612	1.549
调节效应	制度压力×人本文化					-0.012	-0.239	1.022
R Square		0.038		0.456		0.456		DW 1.709
Adjusted R Square		0.034		0.449		0.446		F–statistic P 0.189
R Square Change				0.418		0.000		Obs*R^2 P 0.189

注：*$P<0.05$；**$P<0.01$；***$P<0.001$。

在人本文化导向的调节效应层级回归中，作者也首先将上市公司类型这一控制变量放入模型，此步骤和结果与表 6-19 相同；其次，作者将主效应变量放入回归方程中,发现制度压力和人本主义文化导向的回归系数都为正向显著,但控制变量的显著性消失。最后,作者将调节项纳入回归方程中。从表6-20可以看出,与前次调效应检验相类似,人本主义调节效应检验的模型三也并未出现严重的多重共线性、自相关和异方差问题;但在回归系数方面,尽管主效应变量(制度压力和人本主义文化导向)仍然通过了显著性检验,但是调节项变量的显著性却未获通过。因此,人本主义文化导向在制度压力和企业社会绩效之间承担调节作用的假设12未获得支持。也就是说,尽管人本主义的文化导向能正向影响企业社会绩效,但在人本主义导向高的企业,制度压力对企业社会绩效的正向关系不会更明显。

第六节 本章小结

基于第四章的机理阐述和理论模型构建以及第五章的变量设计和方法阐述,本章对前文提出的15个假设进行了较为规范的实证检验(所有假设的检验结果如表6-21所示)。首先,本章对样本企业的基本特征以及主要研究变量进行了描述性统计分析,了解了样本企业的规模、所有制和行业等要素的分布和代表性;其次,本章对第五章基于已有成熟量表修正和设计的构念量表通过因子分析和内部一致性检验等方法进行了效度和信度分析,并得到了基本与理论预设相符的结果;再次,本章通过整体维度制度压力和分维度制度压力两步结构方程的统计检验,验证了制度压力作为社会责任的重要驱动因素的显著性,揭示了企业社会战略反应在不同性质的制度压力和企业社会绩效之间体现的不同中介作用。最后,通过层级回归分析方法,本章探索并印证了竞争性文化导向在外部制度压力和社会绩效之间的正向调节作用。

表6-21 制度压力对企业社会绩效影响机制的假设验证情况汇总

假设序号	假设内容	验证结果
假设1	制度环境中的规制压力对企业社会战略反应有显著的正向影响。	成立
假设2	制度环境中的规范压力对企业社会战略反应有显著的正向影响。	成立
假设3	制度环境中的认知压力对企业社会战略反应有显著的正向影响。	成立
假设4	制度压力对企业社会战略反应有显著的正向影响。	成立

续表

假设序号	假设内容	验证结果
假设 5	制度压力对企业社会绩效有显著的正向影响。	成立
假设 6	规制压力对企业社会绩效有显著的正向影响。	成立
假设 7	规范压力对企业社会绩效有显著的正向影响。	不成立
假设 8	认知压力对企业社会绩效有显著的正向影响。	不成立
假设 9	企业社会战略反应对企业社会绩效有显著的正向影响。	成立
假设 10	社会战略反应在制度压力与企业社会绩效的关系中起中介效应。	成立
假设 10a	社会战略反应在规制压力与企业社会绩效的关系中起中介效应。	成立
假设 10b	社会战略反应在规范压力与企业社会绩效的关系中起中介效应。	成立
假设 10c	社会战略反应在认知压力与企业社会绩效的关系中起中介效应。	成立
假设 11	竞争导向的组织文化氛围会对制度压力和企业社会绩效之间的关系产生调节影响,当组织竞争导向较高时,制度压力与企业社会绩效之间的正向关系也将越明显。	成立
假设 12	人本主义导向的组织文化氛围会对制度压力和企业社会绩效之间的关系产生调节影响,当人本主义导向较高时,制度压力与企业社会绩效之间的正向关系也将越明显。	不成立

第七章

结论与展望

定位于企业社会绩效的影响因素及其作用机理问题，依托组织社会学的新制度理论和组织合法性视角，本书沿着制度压力、社会战略反应、组织文化导向和企业社会绩效的研究框架和逻辑思路，在对企业社会责任的内容演进和影响因素、新制度理论框架和组织合法性逻辑等文献进行细致梳理和详细评述的基础上，通过探索式案例研究、分层机理解析、结构方程和层级回归方程检验等章节充分阐述和论证了"企业感知的制度压力正向影响企业社会战略反应，社会战略反应的过程和能力进而对企业社会绩效产生正向影响，竞争文化导向在制度压力和企业社会绩效关系中起到了正向调节作用"等观点。本章将对本书的主要结论和观点进行综述，讨论其理论和现实意义，并将在报告本书不足的基础上提出进一步研究的方向。

第一节 主要研究结论及进一步讨论

本书抛弃了以往企业社会绩效影响因素研究中较为常见却未能得出一致性结论的基于"资源基础观和企业竞争优势理论"和"企业经济绩效与企业社会绩效关系"的论证思路，借助新制度理论的分析框架，提出了组织合法性需求下规制压力、规范压力和认知压力作为企业社会责任驱动力量的分析体系；其次，本书凸显了社会责任研究文献中未被以往研究者重视，对社会责任管理能力提升有重要价值的社会战略反应概念，并按照企业社会绩效、激励员工参与和评估社会责任三个维度进行分析。在此基础上，本书分析了外部制度压力作用于社会战略反应进而影响企业社会绩效的深层机理，阐明了社会战略反应在其中起到的中介作用，论证了组织文化导向对制度压力和企业社会绩效的关系起到的调节作用。借助结构方程和层级回归方法，本书根据 220 份有效样本对 15 个研究假设进行了检验，其中有 12 个成立，主题假设基本得到支持。概括而言，本书的主要结论和观点可以归纳如下：

1. 企业感知的制度压力对企业的社会战略反应和企业社会绩效都有明显的正向驱动作用

与以往有关企业社会责任驱动因素的研究将企业履行社会责任作为竞争优势来源的假设不同（沃多克和格雷夫斯，1997b；布兰科和罗德里格斯，2006；奥利茨基，2003 等），本书通过探索式案例研究分析后发现，当社会责任问题被外部制度环境所建构，并被赋予规范性和正当性时，企业拥有较强的遵守外部规则、规范和价值观的客观要求。它们为了与外部制度环境保持一致（奥利弗，1991；迪马吉奥和鲍威尔，1983），会逐渐倾向于关注利益相关者的各种诉求，并将社会问题与本企业的经营过程结合起来。在规制、规范和认知压力的作用下（斯科特，2001），企业可能被外部的制度环境所型塑（Shape）或调动，进行采取诸如组织内部动员、设置社会责任管理职能、评估社会责任状况、对外披露社会绩效信息等管理行动。作者通过本书的第一步结构方程模型也发现，外部整体制度压力对社会战略反应和社会绩效的驱动因素十分显著，且由于社会战略反应是企业面对社会议题和利益相关者监督时最直接的管理态度和应对措施，因此在结构方程中制度压力对社会战略反应的影响程度和显著性都高于其与企业社会绩效之间的关系。作者注意到，以上结论既与谭（2009）基于新兴经济国家制度环境评析基础上提出的制度建设和企业社会绩效关系的论断、尤西姆（1989）的关于制度因素和企业社会责任行动的前瞻性构思以及马奎斯（2007）提出的企业社会责任由制度和政治力量所推动的命题相呼应，也部分印证了米勒（2007）、韦弗（1999a）和格林宁（1994）等学者对于制度性变量与企业社会战略反应和企业社会绩效之间的实证分析结论。同时，本书也暗合了郭毅（2009）、斯科特（2001）以及更早前迪马吉奥和朱克（1988）等学者强调的，对企业行为分析在关注经济理性和竞争优势理论的同时，也不可忽视组织社会理性需求和制度性影响的观点。

2. 企业感知的制度压力可以区分为规制、规范和认知三种类型，对企业社会战略反应和企业社会绩效的影响显著性和程度各有不同

通过理论梳理及五个探索式案例分析，本书发现规制、规范和认知压

力框架较好刻画了驱动企业履行社会责任的制度压力。在调研企业进行深度访谈时，企业经理人员提出的外部制度因素都较好地落入以上三个维度中（如本书表3-4所示）。其中规制压力的核心在于政治环境所包含的规则和权力体系拥有权威和赏罚制度（也可能是隐性的政治呼吁和政策导向），因此回应规制压力给企业带来的是政治合法性和市场保障性。而规范压力所涵盖的价值观体系、规范信念和行为假设以及共享意义（西玛，2008）常常是约定俗成的，并与组织生存和发展所需的程序合法性与道德合法性绑定在一起。认知压力则更多强调了组织对自身定位、组织身份以及与周围组织的关系的关注，模仿趋同是组织获取关系合法性和认知合法性的有效途径。本书发现，正是由于合法性依赖，压力来源和产生机制上的不同特征，三种制度压力对企业社会战略反应和企业社会绩效的影响关系出现了值得进一步讨论的不同影响效应：

本书发现，制度环境中的规制、规范和认知压力都显著正向影响企业社会战略反应，制度压力确实是驱动中国企业履行社会责任、承担社会义务的关键动力。同时，作者通过比较三种制度压力与企业社会战略反应的路径系数后发现，规范压力和认知压力对企业社会战略反应的影响效应基本相当，但规制压力对企业社会战略反应的作用关系明显弱于前两种压力类型。作者认为，这个结论与黑斯（2008）、克里斯特曼（Christmann，2001）和奥利弗（2007）等学者提出的"制度压力对企业社会责任行为可能产生的符号化表现和松散式参与"的观点有异曲同工之妙，说明部分学者提出的制度压力可能产生的"貌合神离"效果在规制压力这一制度压力维度上体现得较为明显。本书认为，这可以归结于规制压力所具有的工具性、强制性和短期效果强的特点。也就是说，虽然规制压力与规范压力和认知压力一样，都对社会战略反应产生了显著正向影响，但其影响程度以及企业社会战略反应的自愿性和整合性都小于"基于社会价值观、行业准则的规范压力"和"基于外部模仿和身份识别的认知压力"。

另外，在三种制度压力对社会绩效的影响作用上，研究结果呈现出另一番特点。本书发现，规制压力对企业社会绩效的正向影响通过了显著性检验，而规范压力和认知压力对企业社会绩效的正向影响却并不显著。作者认为，社会绩效是企业社会责任行为的实施效果，由于规制压力主要来源于政府的法律、法规和政策导向，因而规制压力对企业社会绩效的强制性效果会显著于规范压力和认知压力。同时，规范压力和认知压力对企业社会绩效的影响效应相对于规制压力更可能是缓慢的、渐进的，因此规制压力对社会绩效的关系也会由于其"强制性制度变迁"作用而显著于规范压力和认知压力。后两者的作用机制正如下一结论所揭示的，规范压力和认知压力将更多地通过公司对社会责任的认知、社会计划整合能力和社会绩效控制机制而间接影响社会绩效。

3. 企业社会战略反应是影响企业社会绩效的重要内在能力，它在不同类型的制度压力和企业社会绩效中承担了不同性质的中介作用

本书在探究什么因素驱动企业履行社会责任的同时，也试图探析企业通过哪些过程和步骤回应外部制度压力、实施社会战略反应，以及社会战略反应在制度压力和社会绩效的分析框架中起到的作用。本书在理论梳理和探索式案例分析后发现，企业社会战略反应是企业认识社会责任、利用公司资源和能力、分解社会压力、激励员工参与社会责任的一系列管理过程，它使得社会责任不再停留在理念和原则层面，促使 CSR 与企业战略实践紧密结合，而这也与陈旭东、余逊达（2007）在调研中发现的"国内企业的社会责任履行具有战略一致性"的研究结论相呼应。但在深度访谈和企业内部多类型档案调阅后本书也认识到，国内企业的社会战略反应还处于起步和发展阶段，与国外学者的多维度反应过程相比还较不成熟，社会战略反应的现实维度仅表现在整合社会计划、激励员工参与和评估社会责任三个过程中，丹尼斯-丹尼斯（2002）提炼的"定义利益相关者及其相应责任、分析利益相关者的利益要求、确定公司社会姿态"等社会战略反应维度，以及赫斯特德（2007）提出的"社会定位、持续创新"等 CSR 管理过程并没有在国内企业的社会战略反应中得到体现。同时，从本书第六章对社会战略反应三个维度以及企业社会绩效四个维度的描述性统计分析结果中我们也不难发现，样本企业对自身社会绩效的评估高于对社会战略反应的评估，这一方面反映了谭（2009）、王（2009）等学者对中国企业社会责任现状的分析，更印证了黄群惠等（2009）提出的"国内企业的社会责任管理落后于责任实践"的研究结果。

尽管国内企业社会战略反应仍处于发展阶段，但这并不能否认其在回应制度压力、推动社会绩效中所起到的重要作用。从本书的两个结构方程模型的拟合结果中我们发现，公司社会战略反应在外部制度压力和企业社会绩效的分析模型中承担着中介作用，吻合伍德（1991）提出的"社会责任原则—公司社会反应—公司社会绩效"的理论框架；更重要的是，该

研究结果进一步补充和丰富了瞿（2007）、霍夫曼（2001）和戴尔玛斯（2008）等学者仅考虑制度压力与企业社会绩效的二阶段分析模式，综合了外部制度环境和内部管理应对能力对社会绩效的影响机制，揭示了社会战略反应作为"制度压力的落脚点和社会绩效的出发点"的关键作用。此外，本书第二步结构方程拟合结果还发现，社会战略反应在不同制度压力和社会绩效中的中介机制不尽相同，即在规制压力和社会绩效的关系中表现为部分中介效应，但在规范压力、认知压力和社会绩效的框架中则体现了完全中介效应。

4. 竞争文化导向在外部制度压力和企业社会绩效之间起到了正向调节作用

除了企业感知的外部制度压力和企业社会战略反应对企业社会绩效会产生正向的影响效应之外，本书通过层级回归方程的实证检验还发现了竞争文化导向和人本主义文化导向对企业社会绩效的正向影响关系，即企业的竞争文化导向和人本主义文化导向越高，企业社会绩效也越好。本书认为，以上两个结论一方面呼应了迈尼昂（2001）提出的企业人本主义文化导向与企业社会绩效的研究假设和李建升（2008）得出的宗族式企业文化（该文化类型较重视企业员工的利益和外部的社会关系）正向影响企业社会绩效的研究结论，同时也反映了巴苏（2008）、瞿（2007）等学者论证的组织竞争意识和追求卓越的文化特征对企业社会责任问题的正向影响关系。更进一步地，本书通过层级回归模型的交互项检验还发现，布里克森（2005、2007）和黑斯（2008）提出的"企业在面对社会压力而实施社会行动的同时，会受到其自身文化和身份导向影响"的论断具有实证显著性。也就是说，组织竞争导向越强的企业，更容易解读和接受组织的外部制度压力，并把其内化为组织的内部动力而加以推动，从而实现更高的社会绩效。但在另一方面，正如作者在本书第六章调节效应的检验分析中指出的，类似竞争文化导向所体现的调节效应并未在"人本文化导向、制度压力和社会绩效"的实证分析中得到验证，人本主义的文化导向只独立发挥了正向影响社会绩效的机制。本书认为，竞争性文化导向的正向调节作用则主要基于该类型文化导向高的组织所长期形成的敏锐的环境洞悉能力，以及追求一流、唯恐落后的组织惯性。当外部制度压力增强时，竞争性文化导向高的企业更容易将社会绩效作为市场准入、政府认可、社会认同的关键要素，因此将更可能达到较高的社会绩效水平。但令作者感到意外的是，人本主义导向在外部制度压力和企业社会绩效之间承担的正向调节作用在本书中并未获得通过。作者认为，该假设未获通过的可能原因在于，人本主义文化导向较高的企业可能本身就具有较高水平的企业社会绩效。当企业感知的外部制度压力增大时，该类企业未感受到本该相应增强的合法性危机，因而未对制度压力产生格外的敏感性和紧迫性。当然，该结论还有待今后相关研究的进一步检验。

此外，本书在层级回归分析中还证明了约翰逊、格林宁（1999）和班萨尔、克莱兰（2004）等研究者提出的公司治理模式对企业社会责任的影响关系，即上市公司或其子公司相对于非上市公司有着更好的社会绩效。该结论对于进一步探讨公司治理模式和企业上市属性与企业社会绩效的内在关系，在公司治理层面提出提高企业社会绩效的针对性措施具有一定的启发意义。

第二节 理论贡献与管理意义

一 研究的理论贡献

本书从新制度理论的组织合法性和制度压力出发，通过理论推理、案例分析和实证检验，构建并验证了制度压力对企业社会绩效的影响机制，其主要理论贡献包括如下几个方面：

（1）本书跳出了企业社会绩效影响因素研究中无一致性结论的"企业经济绩效与企业社会绩效关系"的论证思路，一定程度上开启了应用制度理论框架分析企业社会责任驱动机制的崭新视角，既弥补了以往"资源基础观和企业竞争优势"等研究范式在企业社会绩效影响因素中解释力不足的缺陷，也为组织社会学的新制度主义从原有的理论探讨扩展至案例和实证分析做出了有益尝试。

（2）本书较好地融合了组织社会学的新制度理论与企业战略规划理论，展示了企业制度环境中合法性需求对企业行为的隐形驱动作用，凸显了一直为战略管理研究者忽视的制度性因素对企业行为的显著影响效应，并将对企业行为的驱动因素分析从企业本身特征（如公司资源或组织目标）延伸到了组织外部的制度范围（如规制和规范压力）和组织间关系（例如认知压力），综合考虑了中观层次的制度场域和微观层次的组织战略和人文导向，从而体现出霍夫曼（2001）和希特（Hitt，2007）所倡导的跨层次（cross-level）分析思路。

（3）本书凸显了一直被企业社会责任研究者忽视的"企业社会战略反应"构念，从整合社会计划、激励员工参与和评估社会责任三个维度揭示了当前中国企业如何提高社会责任管理能力的具体过程，为揭示企业社会责任的管理模式，进一步探索提高社会责任管理能力的有效路径，甚至进行社会战略反应的国际间比较奠定了较好的理论和案例基础。

（4）本书构建并实证检验的"外部制度压力—社会战略反应—企业社会绩效"以及"不同文化导向——制度压力与社会绩效关系"两种分析模型，既突破了以往"影响因素—社会绩效"的简单分析思路，揭示了制度环境与企业社会绩效之间内在机理的"黑箱"，同时也为进一步权变地探究制度压力和企业社会绩效关系提供了研究思路。

二 研究的管理启示

本书阐述的制度压力和企业社会绩效之间的内在机理和相关研究结论，既有助于政府制定"推动我国企业全面履行社会责任、提高企业社会绩效水平"的法律法规和政策体系，也有利于企业改善利益相关者关系、提高社会战略反应能力和社会责任管理水平。因此，本书特提出以下对于政府和企业的管理建议：

（1）国家有关部门应该充分注意到政府规制和政策导向对于企业社会绩效的正向影响机制，进一步建立和完善有关政策法规，制定企业履行社会责任的激励机制以及相应的曝光和惩处措施，推动我国的企业公民建设。例如，国家可以加强对于较好履行社会责任的标杆企业的宣传、扶持和回馈机制，在工商行政、金融信贷、市场准入等监管领域增加对履行社会责任较好企业的倾斜力度，也可以加大对社会绩效差、负面影响大的典型企业的惩处力度。

（2）重视行业内部治理和标杆企业的导向作用，引导行业领头企业积极履行社会责任，树立标杆形象，加强企业与利益相关者的共赢意识。根据行业特征建立健全并公开发布企业社会责任评估体系，在引起社会公众对公司社会责任关注的同时，推动行业内的模仿，激发更大范围内企业社会绩效的提升。对于上市公司和特殊行业企业则应鼓励甚至要求其定期发布企业责任第三方审计报告，接受大众监督。

(3) 应大力发展非营利组织（NPO），将部分社会管理职能由政府向非营利组织转移；积极鼓励企业与非营利组织合作，在企业实现有效选择目标客户群，降低运营风险的同时，促进扶贫、医疗、体育、环保等社会议题的解决。还应发挥行业协会、媒体和教育机构的引导作用，进一步加强企业社会责任理念和社会公益宣传，特别是 MBA 和 EMBA 等专业硕士课程的社会责任教育。通过促进企业和社区的网络联系、开设"企业伦理"或"社会责任"相关课程等方式，加强企业高层管理者和骨干员工的商业道德以及公司社会事务的反应程度。

(4) 为了企业在社会中的持续经营，获得长期合法性，公司高层管理者和相关部门在关注外部技术环境和市场环境的同时，应该充分注意到规制、规范和认知制度中的各种要求、规范、准则、理念和价值观。以企业公民的身份考虑社会和利益相关者的各项诉求。

(5) 企业在加强企业责任应对能力和管理水平的过程中，既应该在社会责任的战略整合、责任管理职能设置、员工的动员激励、责任审计和评估的常规化等方面进行改进，也应保持与本地区、本行业企业以及政府相关部门和行业协会的密切联系，了解国家和行业内的社会责任管理最新标准和形式以及其他企业的社会责任管理模式和社会绩效水平。

第三节 研究不足与展望

本书在具有一定的理论和现实意义的同时，也存在着一些不足和缺陷：

(1) 本书注意到多宾等（Dobbin et al., 1993）、尤西姆（1988）和黑斯（2008）等学者都提到，在不同行业中企业的社会绩效可能存在一定的特色和偏差，但本书由于样本企业联系和问卷发放回收中存在的实际困难，没有细分行业对企业感知的外部制度压力和企业社会绩效之间的关系进行研究，因而不利于深入探索制度环境和企业社会绩效之间的内在机理、进而提出不同行业相应的政策建议。

(2) 由于本书主要关注的问题和研究视角定位于外部制度环境和企业社会绩效之间的关系，虽然在企业社会战略反应中也提出了激励员工参与对企业社会绩效的影响作用，但没有将格林宁（1992）、易卜拉欣（2005）和琼斯（2007）等学者提出的高层管理者价值观或高管团队

(TMT) 参与度与企业社会绩效的关系进行独立研究,因此可能忽视了高层管理者在企业社会责任行动中的潜在影响力。

(3) 鉴于管理学实证研究普遍遭遇的问卷调研的多重困难,本书与国内大部分实证研究一样,未像国外权威期刊发表的文献那样采用两位应答者(2 - Respondents)的问卷资料收集方法,因而可能存在波得萨阔夫(Podsakoff et al., 2003)等学者提到的"调研者可能对问题存在心理上的预判"这个潜在的问题。

作者认为,本书主题在以下方向存在进一步研究的价值和可能:

第一,今后相关研究可以应用内容分析或深度访谈等方法,挑选典型行业进行企业社会责任履行的外部制度环境和制度压力的定性、定量刻画,并在相关行业中进行制度压力和企业社会绩效的关系对比,探究以上关系在不同行业中的不同表现。

第二,鉴于跨国公司社会责任备受政府和民众关注的现实,研究者可在谭(2009)的基础上,对跨国公司的母国(Home Country)和东道国(Host Country)在驱动企业履行社会责任方面的制度环境进行国际间比较,进而提出中国这个新兴经济国家进行企业社会责任治理的政策建议和管理方案。

第三,鉴于盖拉斯科维茨(1997)和戴尔玛斯(2008)等学者提出的企业规模对企业社会绩效的影响因素以及本书前文提及的公司高管团队的参与度和价值观对企业社会绩效的潜在影响,研究者可尝试探究制度环境、企业规模和高管团队两两之间的交互效应和企业社会绩效之间的内在关联机理和作用关系。

第四,对于企业社会绩效影响因素的研究可以遵循由静态转向动态的研究思路,应用纵向案例或事件史分析的方法,连贯考察中国企业在国家政治经济改革和制度快速变迁的情况下,企业社会的战略反应和企业社会绩效的动态演变过程,从而得出制度环境与企业社会责任协同演化的规律。

参考文献

[1] [美]鲍威尔、迪马奥:《组织分析的新制度主义》,姚伟译,上海人民出版社2008年版。

[2] [美]彼得·F.德鲁克:《管理:任务、责任、实践》,孙耀君译,中国社会科学出版社1987年版。

[3] 曹正汉:《无形的观念如何塑造有形的组织——对组织社会学新制度学派的一个回顾》,《社会》2005年第3期。

[4] 曾楚宏等:《基于战略视角的组织合法性研究》,《外国经济与管理》2008年第2期。

[5] 曾楚宏等:《组织合法性与新创企业的成长》,《第三届中国管理学年会论文集》2008年。

[6] 陈宏辉、贾生华:《企业社会责任观的演进与发展:基于综合性社会契约的理解》,《中国工业经济》2003年第12期。

[7] 陈惠芳:《组织正当性、组织学习与组织同形之关系研究——制度理论整合观点》,博士学位论文,国立台湾大学,1998年。

[8] 陈维政、吴继红等:《企业社会绩效评价的利益相关者模式》,《中国工业经济》2002年第7期。

[9] 陈晓萍、徐淑英、樊景立:《组织与管理研究的实证方法》,北京大学出版社2008年版。

[10] 陈旭东、余逊达:《民营企业社会责任意识的现状与评价》,《浙江大学学报(人文社会科学版)》2007年第3期。

[11] 杜运周等:《先动性,合法化与中小企业成长——一个中介模型及其启示》,《管理世界》2008年第12期。

[12] 方刚:《基于资源观的企业网络能力与创新绩效研究》,博士学位论文,浙江大学,2008年。

[13] 葛笑春、蔡宁：《战略性企业慈善行为的比较研究》，《重庆大学学报（社会科学版）》2009年第1期。

[14] 郭毅等：《新制度主义：理论评述及其对组织研究的贡献》，《社会》2007年第1期。

[15] 郭毅等：《组织与战略管理中的新制度主义视野：理论评述与中国例证》，格致出版社2009年版。

[16] ［英］哈米什·普林格尔：《品牌的精神》，中国财政经济出版社2005年版。

[17] ［英］哈耶克：《致命的自负》，冯克利、胡晋华译，中国社会科学出版社2000年版。

[18] 何郁冰：《企业技术多样化与企业绩效关系研究》，博士学位论文，浙江大学，2008年。

[19] 侯杰泰、温忠麟、成子娟：《结构方程模型及其应用》，教育科学出版社2004年版。

[20]《在纪念党的十一届三中全会召开30周年大会上的讲话》，新华社，2008年12月18日电。

[21] 胡美琴、骆守俭：《企业绿色管理战略选择——基于制度压力与战略反应的视角》，《工业技术经济》2008年第2期。

[22] 胡美琴：《在华跨国公司生态环境管理影响因素研究》，博士学位论文，复旦大学，2007年。

[23]《结构方程模式理论与应用》，中国税务出版社2002年版。

[24] 黄敏学等：《企业被"逼捐"现象的剖析：是大众"无理"还是企业"无良"》，《管理世界》2008年第10期。

[25] 黄群惠等：《中国100强企业社会责任发展状况评价》，《中国工业经济》2009年第10期。

[26] 姜万军等：《中国民营企业社会责任评价体系初探》，《统计研究》2006年第7期。

[27] ［韩］金·W. 钱、勒妮·莫博涅：《蓝海战略》，商务印书馆2005年版。

[28] 金立印：《企业社会责任运动测评指标体系实证研究——消费者视角》，《中国工业经济》2006年第6期。

[29] 蓝海林、汪秀琼、吴小节等：《基于制度基础观的市场进入模式影

响因素：理论模型构建与相关研究命题的提出》，《南开管理评论》 2010 年第 6 期。

[30] 李怀祖：《管理研究方法论》，西安交通大学出版社 2004 年版。

[31] 李建生：《企业文化与企业绩效关联机制研究：企业社会责任视角》，博士学位论文，浙江大学，2008 年。

[32] 李立清：《企业社会责任评价理论与实证研究：以湖南省为例》，《南方经济》2006 年第 1 期。

[33] 李伟：《企业的社会契约：一个新的企业行为规范研究框架》，《财经研究》2003 年第 10 期。

[34] ［韩］李哲松：《韩国公司法》，［韩］吴日焕译，中国政法大学出版社 2000 年版。

[35] 李正：《企业社会责任与企业价值的相关性研究——来自沪市上市公司的经验证据》，《中国工业经济》2006 年第 2 期。

[36] 李忠云：《技能型战略联盟合作效应与企业讨价还价能力变动机制研究》，博士学位论文，重庆大学，2005 年。

[37] 刘军：《管理研究方法原理与应用》，中国人民大学出版社 2008 年版。

[38] 刘俊海：《公司的社会责任》，法律出版社 1999 年版。

[39] 刘雪峰：《网络嵌入性与差异化战略及企业绩效关系研究》，博士学位论文，浙江大学，2007 年。

[40] 卢代富：《企业社会责任的经济学与法学分析》，法律出版社 2002 年版。

[41] 吕源、徐二明：《制度理论与企业战略研究》，《战略管理》2009 年第 1 期。

[42] 吕源：《以制度理论为基础的企业战略管理实证研究方法简述》，《战略管理》2009 年第 1 期。

[43] 马庆国：《管理统计》，科学出版社 2002 年版。

[44] ［美］迈克尔·波特、马克·克雷默：《企业慈善事业的竞争优势》，《哈佛商业评论》2003 年第 2 期。

[45] ［英］摩根·威策尔：《管理的历史》，中信出版社 2002 年版。

[46] 潘绵臻、毛基业：《再探案例研究的规范性问题——中国企业管理案例论坛（2008）综述与范文分析》，《管理世界》2009 年第 2 期。

［47］潘镇、殷华方、鲁明泓：《制度距离对于外资企业绩效的影响：一项基于生存分析的实证研究》，《管理世界》2008年第7期。

［48］彭泗清等：《企业家对企业社会责任的认识与评价——2007年中国企业经营者成长与发展专题调查报告》，《管理世界》2007年第6期。

［49］［美］乔治·斯蒂纳、约翰·斯蒂纳：《企业、政府与社会》，张志强译，华夏出版社2002年版。

［50］邱皓政、林碧芳：《结构方程模型的原理与应用》，中国轻工业出版社2009年版。

［51］尚航标、王培伦：《新制度主义对战略管理的理论意义》，《管理学报》2011年第3期。

［52］沈洪涛：《公司社会责任与公司财务业绩关系研究——基于利益相关者理论的分析》，博士学位论文，厦门大学，2005年。

［53］盛斌：《公司社会责任、跨国公司与东道国政府的作用——来自中国地方案例的证据》，《南开学报（哲学社会科学版）》2009年第5期。

［54］盛南、王重鸣：《社会创业导向构思的探索性案例研究》，《管理世界》2008年第8期。

［55］［美］斯蒂芬·P.罗宾斯：《管理学》，孙健敏等译，中国人民大学出版社2004年版。

［56］［美］斯科特、迈耶：《社会部门组织化：系列命题与初步论证》，《鲍威尔、迪马吉奥：组织分析的新制度主义》2008年。

［57］田野：《企业资源计划同化因素及其影响机制研究》，博士学位论文，浙江大学，2008年。

［58］田志龙、高海涛：《中国企业的非市场战略：追求合法性》，《软科学》2005年第6期。

［59］田志龙、贺远琼、高海涛：《中国企业非市场策略与行为研究》，《中国工业经济》2005年第9期。

［60］田祖海：《美国现代企业社会责任理论的形成与发展》，《武汉理工大学学报（社会科学版）》2005年第3期。

［61］［美］托马斯·唐纳森、托马斯·邓菲：《有约束力的关系：对企业伦理学的一种社会契约论的研究》，赵月瑟译，上海科学院出版社

2001年版。

[62]《在纽约回答有关中国食品安全的提问时的讲话》,人民网,2008年9月24日电。

[63] 温忠麟、侯杰泰、张雷:《调节效应与中介效应的比较和应用》,《心理学报》2005年第2期。

[64] 温忠麟等:《中介效应检验程序及其应用》,《心理学报》2004年第5期。

[65] 吴结兵、童晓渝、杨跃:《短信息实现农村信息化的创新模式与建设效果分析——基于四川省调查数据的实证研究》,《农业经济问题》2008年第5期。

[66] 吴明隆:《SPSS统计应用实务——问卷分析与应用统计》,科学出版社2003年版。

[67] 项保华、张建东:《案例研究方法和战略管理研究》,《自然辩证法通讯》2005年第5期。

[68] 谢佩洪等:《基于制度基础观(IBV)的企业战略选择及其主导逻辑》,管理学年会2010年版。

[69] 徐光华、陈良华、王兰芳:《战略绩效评价模式:企业社会责任嵌入性研究》,《管理世界》2007年第11期。

[70] 许冠南:《关系嵌入型对技术创新绩效的研究》,博士学位论文,浙江大学,2008年。

[71] 许正良等:《基于持续发展的企业社会责任与企业战略目标管理融合研究》,《中国工业经济》2008年第9期。

[72] 郁建兴、高翔:《企业社会责任中的经济因素与非经济因素》,《经济社会体制比较》2008年第2期。

[73] 张玉利、杜国臣:《创业的合法性悖论》,《中国软科学》2007年第10期。

[74] 赵孟营:《组织合法性:在组织理性与事实的社会组织之间》,《北京师范大学学报(社会科学版)》2005年第2期。

[75] 赵曙明:《理论联系实践:为什么和怎么做》,《中国管理研究国际学会时事通讯》2009年第2期。

[76] 郑海东:《企业社会责任行为表现、测量维度、影响因素及对企业绩效的影响》,博士学位论文,浙江大学,2007年。

[77] 钟洪武:《"5·12"大地震企业捐赠大众评价调查》,《中国经济周刊》2008 年第 6 期。

[78] 周雪光:《组织社会学的新制度主义学派》,《组织社会学的新制度主义学派》2007 年。

[79] 周雪光:《组织社会学十讲》,社会科学文献出版社 2003 年版。

[80] 周延风、罗文恩、肖文建:《企业社会责任行为与消费者响应——消费者个人特征和价格信号的调节》,《中国工业经济》2007 年第 3 期。

[81] 朱克尔:《制度化在文化延续中的作用》,《组织分析的新制度主义》2008 年。

[82] Adebayo, E., *Corporate Social Responsibility Disclosure, Corporate Financial and Social Performance: An Empirical Analysis*. Fort Lauderdale, Nova Southeastern University, 2000.

[83] Aguilera, Ruth V., "Putting the S Back in Corporate Social Responsibility: A Multilevel Theory of Social Change in Organizations". *Academy of Management Review*, Vol. 32, No. 3, 2007.

[84] Albert, S., B. E., Ashforth and J. E. Dutton., "Organizational Identity and Identification: Charting New Waters and Building New Bridges", *Academy of Management Review*, Vol. 25, No. 1, 2000.

[85] Alkhafaji, A. F., *A Stakeholder Approach to Corporate Governance: Managing in a Dynamic Environment*, Quorum, 1989.

[86] Amburgey, T. L. & H. Rao., "Organizational Ecology: Past, Present, and Future Directions", *Academy of Management Journal*, Vol. 39, No. 5, 1996.

[87] Anderson, J. C. and A. W., "Frankle. Voluntary Social Reporting: An ISO - Beta Portfolio Analysis", *The Accounting Review*, Vol. 55, No. 3, 1980.

[88] Andrews, P. N., *Public Affairs Offices in Large U. S. Corporations: Evaluations, Structure and Development*, Boston University, 1987.

[89] Angelidis, John and Nabil, Ibrahim, "An Exploratory Study of the Impact of Degree of Religiousness Upon an Individual's Corporate Social Responsiveness Orientation", *Journal of Business Ethics*, No. 51, 2004.

[90] Atkinson, L. and J. Galaskiewicz, "Stock Ownership and Company Contributions to Charity", *Administrative Science Quarterly*, Vol. 33, No. 1, 1988.

[91] Aupperle, K. E., A. B. Carroll, and J. D. Hatfield, "An Empirical Examination of the Relationship between Corporate Social Responsibility and Profitability". *The Academy of Management Journal*, Vol. 28, No. 2, 1985.

[92] Backman, J., *Social Responsibility and Accountability*. New York University Press, 1975.

[93] Baldwin, S. A. et al., *Pension Funds and Ethical Investment*. Council on Economic Priorities, 1986.

[94] Bandalos, D. L., "The Effects of Item Parceling on Goodness-of-Fit and Parameter Estimate Bias in Structural Equation Modeling", *Structural Equation Modeling: a Multi-disciplinary Journal*, Vol. 9, No. 1, 2002.

[95] Bansal, P. and I. Clelland, "Talking Trash: Legitimacy, Impression Management, and Unsystematic Risk in the Context of the Natural Environment", *Academy of Management Journal*, No. 47, 2004.

[96] Bansal, P. and K. Roth, "Why Companies Go Green: A Model of Ecological Responsiveness", *Academy of Management Journal*, No. 43, 2000.

[97] Barney, Jay. B. and Shujun Zhang, "The Future of Chinese Management Research: A Theory of Chinese Management versus a Chinese Theory of Management", *Management and Organization Review*, Vol. 5, No. 1, 2009.

[98] Baron, D. P., "A Positive Theory of Moral Management, Social Pressure, and Corporate Social Performance", Working Papers (Faculty), Stanford Graduate School of Business, 2006.

[99] Basu, Kunal and P. Guido, "Corporate Social Responsibility: A Process Model of Sense-making", *Academy of Management Review*, Vol. 33, No. 1, 2008.

[100] Baum, J. A. C. and Christine Oliver, "Institutional Imbeddedness and the Dynamics of Organizational Populations", *American Sociological Review*, No. 57, 1992.

[101] Baylis, R., L. Connell, and A. Flynn, "Company Size, Environmental

Regulation and Ecological Modernization: Further Analysis at the Level of the Firm", *Business Strategy and the Environment*, No. 7, 1998.

[102] Berger, P. L. and Thomas Luckmann, *The Social Construction of Reality*, Macmillan, 1967.

[103] Besser, T. L. et al. , "For the Greater Good: Business Networks and Business Social Responsibility to Communities", *Entrepreneurship & Regional Development*, No. 18, 2006.

[104] Bies, R. J. et al. , "Corporations as Social Change Agents: Individual, Interpersonal, Institutional, and Environmental Dynamics", *Academy of Management Review*, Vol. 32, No. 3, 2007.

[105] Boiral, O. , "Corporate Greening through ISO14001: A Rational Myth", *Organization Science*, Vol. 18, No. 1, 2007.

[106] Bondy, Krista, "Isomorphism in the Practice of Corporate Social Responsibility Evidence of an Institution", Academy of Management Proceedings, No. 15955, 2009.

[107] Bowen, H. R. , Social *responsibilities of the Businessman*, Harper & Row, 1953.

[108] Bowen, F. , "Corporate Social Strategy: Competing Views from Two Theories of the Firm", *Journal of Business Ethics*, Vol. 75, No. 1, 2007.

[109] Brammer, S. and A. Millington, "The Effect of Stakeholder Preferences, Organizational Structure and Industry Type on Corporate Community Involvement", *Journal of Business Ethics*, Vol. 45, 2003.

[110] Brammer, S. , Pavelin, S. , "Corporate community contributions in the United Kingdom and the United States", *Journal of Business Ethics*, Vol. 56, No. 1, 2005.

[111] Branco, M. and Lúcia. Rodrigues," Corporate Social Responsibility and Resource Based Perspectives", *Journal of Business Ethics*, Vol. 69, No. 2, 2006.

[112] Brickson, S. L. , "Organizational Identity Orientation: Forging a Link between Organizational Identity and Organizations'Relations with Stakeholders", *Administrative Science Quarterly*, Vol. 50, No. 4, 2005.

[113] Brickson, S. L. , "Organizational Identity Orientation: The Genesis of

the Role of the Firm and Distinct Forms of Social Value", *Academy of Management Review*, Vol. 32, No. 3, 2007.

[114] Burt, R., "Corporate Philanthropy as a Cooptive Relation", *Social Forces*, Vol. 62, No. 2, 1983.

[115] Busenitz, L. W., "Country Institutional Profiles: Unlocking Entrepreneurial Phenomena", *The Academy of Management Journal*, Vol. 43, No. 5, 2000.

[116] Cameron K. S. and R. E. Quinn, *Diagnosing and Changing Organizational Culture: Based on the Competing Values Framework*, Addison – Wesley Press, 1998.

[117] Campbell, J. L., "Why Would Corporations Behave in Socially Responsible Ways? An Institutional Theory of Corporate Social Responsibility", *Academy of Management Review*, Vol. 32, No. 3, 2007.

[118] Carroll, Archie B., "A Three – Dimensional Conceptual Model of Corporate Performance", *The Academic of Management Review*, Vol. 4, No. 4, 1979.

[119] Carroll, Archie B., "Corporate Social Responsibility: Evolution of a Definitional Construct", *Business and Society*, Vol. 38, No. 3, 1990.

[120] Carroll A. B., "Corporate Social Performance Measurement: A Commentary on Methods for Evaluating an Elusive Construct", Post J. E. *Research in Corporate Social Performance and Policy*, No. 12, JAI Press, 1991.

[121] Christmann, P. and G. Taylor, "Globalization and the Environment: Determinants of Firm Self – Regulation in China", *Journal of International Business Studies*, Vol. 32, No. 3, 2001.

[122] Clarkson, Max B. E., "A Stakeholder Framework for Analyzing and Evaluating Corpora", *The Academy of Management Review*, Vol. 20, No. 1, 1995.

[123] Cochran, Philip L. and Robert A. Wood, "Corporate Social Responsibility and Financial Performance", *Academy of Management Journal*, Vol. 27, No. 1, 1984.

[124] Cole, Robert E., *Managing Quality Fads: How American Business*

Learned to Play the Quality Game, Oxford University Press, 1999.
[125] Cooke, RA and JL. Hartmann. "Interpreting the Cultural Styles Measured by the OCI. Organizational Culture Inventory Leader's Guide", Plymouth: Human Synergistics, 1989.
[126] Cornell, B. and A. C. Shapiro, "Corporate Stakeholders and Corporate Finance", Financial Management, Vol. 16, No. 1, 1987.
[127] Cox, P. , S. Brammer, et al. , "An Empirical Examination of Institutional Investor Preferences for Corporate Social Performance", Journal of Business Ethics, Vol. 52, No. 1, 2004.
[128] Creswell, J. W. Research Design: Qualitative, Quantitative and Mixed Methods Approaches, Sage Publication, 2003.
[129] D'Aunno, T. , R. I. Sutton, and R. H. Price, "Isomorphism and External Support in Conflicting Institutional Environments: A Study of Drug Abuse Treatment Clinics", Academy of Management Journal, Vol. 34, No. 3, 1991.
[130] Dacin, M. T. , C. Oliver and J. Roy, "The Legitimacy of Strategic Alliances: An Institutional Perspective", Strategic Management Journal, Vol. 28, No. 2, 2007.
[131] Dacin, M. , J. Goodstein and W. Scott, "Institutional Theory and Institutional Change: Introduction to the Special Research Forum", Academy of Management Journal, Vol. 45, No. 1, 2002.
[132] David, P. , M. Bloom, et al. , "Investor Activism, Managerial Responsiveness, and Corporate Social Performance", Strategic Management Journal, Vol. 28, No. 1, 2007.
[133] Davis, Gerald F. and R. Greve. Henrich, "Corporate Elite Networks and Governance Changes in the 1980s", American Journal of Sociology, Vol. 103, No. 1, 1997.
[134] Davis, K. , "Can Business Afford to Ignore Social Responsibility?", California Management Review, Vol. 2, No. 3, 1960.
[135] Davis, K. , "The Case for and Against Business Assumption of Social Responsibilities", Academy of Management Journal, Vol. 16, No. 2, 1973.
[136] Delmas, M. A. and M. W. Toffel, "Organizational Responses to Envi-

ronmental Demands: Opening the Black Box", *Strategic Management Journal*, Vol. 29, No. 10, 2008.

[137] Delmas, M. A. and M. W. Toffel. "Institutional Pressure and Environmental Management Practices Stakeholders, Environment and Society", Working Paper Presented at the 11th International Conference of the Greening of Industry Network San Francisco, 2003.

[138] Den Hond, F. and F. G. A. De Bakker, "Ideologically Motivated Activism: How Activist Groups Influence Corporate Social Change Activities", *Academy of Management Review*, Vol. 32, No. 3, 2007.

[139] Deniz – Deniz, M. D. and J. M. Garcia – Falcon, "Determinants of the Multinationals'Social Response. Empirical Application to International Companies Operating in Spain", *Journal of Business Ethics*, Vol. 38, No. 4, 2002.

[140] DiMaggio, Paul, "Interest and Agent Institutional Theory", Zucker, Lynn G. *Institutional Patters and Organizations*, Ballinger Publishing Company, 1988.

[141] DiMaggio, P. J. and W. Powell, "The Iron Cage Revisited: Institutional Isomorphism and Collective Rationality in Organizational Fields", *American Sociological Review*, Vol. 42, No. 2, 1983.

[142] Dobbin, F., J. R. Sutton, J. W. Meyer and W. R. Scott, "Equal Opportunity Law and the Construction of Internal Labor Markets", *American Journal of Sociology*, Vol. 99, 1993.

[143] Dodd, "For Whom Corporate Managers Are Trustees: A Note", *Harvard Law Review*, Vol. 45, No. 8, 1932.

[144] Donaldson, T. and P. Werhane, *Ethical Issues in Business*, Prentice – Hall, 1983.

[145] Douglas, M., *How Institutions Think*, Syracuse University Press, 1986.

[146] Eisenhardt, K. M. and M. E. Graebner, "Theory Building from Cases: Opportunities and Challenges", *Academy of Management Journal*, Vol. 50, No. 1, 2007.

[147] Eisenhardt, K. M., "Building Theories from Case Study Research", *Academy of Management Review*, Vol. 14, No. 4, 1989.

[148] Elibert, H. and R. I. Parket, "The Practice of Business: The Current Status of Corporate Social Responsibility", *Business Horizons*, Vol. 16, No. 4, 1973.

[149] Fombrun, C. and M. Shanley, "What's in a Name? Reputation Building and Corporate Strategy", *The Academy of Management Journal*, Vol. 33, No. 2, 1990.

[150] Frederick, W. C., "From CSR1 – CSR2: The Maturing of the Business and Society Thought", *Business & Society*, Vol. 33, No. 2, 1978.

[151] Frederick, W. C., "The Growing Concern over Business Responsibility", *California Management Review*, Vol. 2, No. 4, 1960.

[152] Freedman, M. and B. Jaggi. "An Analysis of the Impact of Corporate Pollution Disclosures Included in Annual Financial Statements on Investors' Decisions", *Advances in Public Interest Accounting*, Vol. 1, No. 2, 1986.

[153] Freedman, M. and B. Jaggi, "Pollution Disclosures, Pollution Performance and Economic Performance", *The International Journal of Management Science*, Vol. 10, No. 2, 1982.

[154] Freeman, R. E., *Strategic Management: A Stakeholder Approach*, Harper Collins, 1984.

[155] Friedland, R. & R. R. Alford. "Bringing Society Back in Symbiosis: Structures and Institutional Contradiction", Working Paper presented at Conference on Institutional Change, Center for Advanced Study in the Behavioral Sciences, 1987.

[156] Friedman, M., *Capitalism and Freedom*, University of Chicago Press, 1962.

[157] Friedman, M., "A Friedman Doctrine – The Social Responsibility of Business Is to Increase Its Profits", *The New York Times Magazine*, 1970.

[158] Friedman, B. M., *New Challenges to the Role of Profit*, Lexinton Books, 1978.

[159] Galaskiewicz, J. "Making corporate actors accountable: Institution Building in Minneapolis – St. Paul", Powell W. W. & P. J. DiMaggio, *The New Institutionalism in Organizational Analysis*, University of Chica-

go Press, 1991.

[160] Galaskiewicz, J., "An Urban Grants Economy Revisited: Corporate Charitable Contributions in the Twin Cities 1979 – 1981, 1987 – 1989", *Administrative Science Quarterly*, Vol. 42, No. 3, 1997.

[161] Galaskiewicz, J., *Social Organization of an Urban Grants Economy: A study of Business Philanthropy and Nonprofit organizations*, Academic Press, 1985.

[162] Gibbert, M., W. Ruigrok, et al., "What Passes as A Rigorous Case Study?", *Strategic Management Journal*, Vol. 29, No. 13, 2008.

[163] Goodrick, E. and G. R. Salancik, "Organizational Discretion in Responding to Institutional Practices: Hospitals and Cesarean Births", *Administrative Science Quarterly*, Vol. 41, No. 1, 1996.

[164] Granovetter, M. "Problems of Explanation in Sociology". Nohria and R. G. Eccles, *Networks and Organizations: Structure, Form and Action*, Harvard Business School Press, 1992.

[165] Graves, S. B. and S. A. Waddock, "Institutional Owners and Corporate Social Performance", *Academy of Management Journal*, Vol. 37, No. 4, 1994.

[166] Greening, D. W. and B. Gray, "Testing a Model of Organizational Response to Social and Political Issues", *The Academy of Management Journal*, Vol. 37, No. 3, 1994.

[167] Greening, D. W. and B. Gray. "Organizing for Public Issues: Environmental and Organizational Predictors of Structure and Process", Post. J. E., *Research in Corporate Social Performance and Policy*, JAI Press, 1992.

[168] Griffin, J. J. and J. F. Mahon, "The Corporate Social Performance and Corporate Financial Performance Debate: Twenty – Five Years of Incomparable Research", *Business & Society*, Vol. 36, No. 1, 1997.

[169] Gulati et al., "Adaptation in Vertical Relationships: Beyond Incentive Conflict", *Strategic Management Journal*, Vol. 26, No. 5, 2005.

[170] Gunness, R., "Social Responsibility: The Art of the Possible", *Business and Society Review*, 1986.

[171] Guthrie, D. *Survey on Corporate - Community Relations*, Social Sciences Research Council, 2003.

[172] Hair JR. et al. *Multivariate Data Analysis*, Prentice Hall, 2005.

[173] Haley, C. V. , "Corporate Contributions as Managerial Masques: Reframing Corporate Contributions as Strategies to Influence Society", *Journal of Management Study*, Vol. 28, No. 5, 1991.

[174] Hess, D. , N. Rogovsky, et al. , "The Next Wave of Corporate Community Involvement: Corporate Social Initiatives", *California Management Review*, Vol. 44, No. 2, 2002.

[175] Hess, D. and D. E. Warren, "The Meaning and Meaningfulness of Corporate Social Initiatives", *Business & Society Review*, Vol. 113, No. 2, 2008.

[176] Hitt, M. A. et al. , "Building Theoretical and Empirical Bridges Across Levels: Multi - level Research in Management", *Academy of Management Journal*, Vol. 50, No. 6, 2007.

[177] Hofer, C. W. , E. A. Murray, R. Charan and R. A. Pitts, "A Casebook in Policy and Planning", *Strategic Management*, 1984.

[178] Hoffman, A. J. , "Linking Organizational and Field - Level Analyses: The Diffusion of Corporate Environmental Practice", *Organization & Environment*, Vol. 14, No. 2, 2001.

[179] Hoffman, Andrew. J. *From Heresy to Dogma: An Institutional History of Corporate Environmentalism*, The New Lexington Press, 1997.

[180] Hopkins, M. , "Measurement of Corporate Social Responsibility", *International Journal of Management and Decision Making*, Vol. 6, No. 3 - 4, 2005.

[181] Howard - Grenville, J. A. and A. J. Hoffman, "The Importance of Cultural Framing to the Success of Social Initiatives in Business", *Academy of Management Executive*, Vol. 17, No. 2, 2003.

[182] Husted, B. W. and D. B. Allen, "Corporate Social Strategy in Multinational Enterprises: Antecedents and Value Creation", *Journal of Business Ethics*, Vol. 74, No. 4, 2007.

[183] Ibrahim, N. A. and F. Parsa, "Corporate Social Responsiveness Orien-

tation: Are There Differences Between U. S. and French Managers", *Review of Business*, Vol. 26, No. 1, 2005.

[184] Igalens, J. and J. P. Gond, "Measuring Corporate Social Performance in France: A Critical and Empirical Analysis of ARESE Data", *Journal of Business Ethics*, Vol. 56, No. 1, 2005.

[185] Jamali, D. and R. Mirshak, "Corporate Social Responsibility Theory and Practice in a Developing Country Context", *Journal of Business Ethics*, Vol. 72, No. 3, 2007.

[186] Jennifer, Platt., "Case Study in American Methodological Thought", *Current Sociology*, Vol. 40, No. 1, 1992.

[187] Child J and T. Tsai, "The Dynamic between Firms' Environmental Strategies and Institutional Constraints in Emerging Economies: Evidence from China and Taiwan", *Journal of Management Studies*, Vol. 42, No. 1, 2005.

[188] Johnson, H. L. *Business in contemporary society: Framework and Issues*, Wadsworth, 1971.

[189] Johnson, R. A. and D. W. Greening, "The Effects of Corporate Governance and Institutional Ownership Types on Corporate Social Performance", *Academy of Management Journal*, Vol. 42, No. 5, 1999.

[190] Jones, T. M., "Corporate Social Responsibility Revisited, Redefined", *California Management Review*", Vol. 22, No. 2, 1980.

[191] Jones, G. R., "Senior Exectives' Personal Values", *International Journal of Management and Decision Making*, Vol. 8, No. 2, 2007.

[192] Kanter, R. *World Class: Thriving Local in the Global Economy*, Touchstone Books, 1997.

[193] King, A. A. and M. J. Lenox, "Industry Self-Regulation Without Sanctions: The Chemical Industry's Responsible Care Program", *Academy of Management Journal*, Vol. 43, No. 4, 2000.

[194] Kolk, Ans., "Corporate Social Responsibility in the Coffee Sector: The Dynamics of MNC Responses and Code Development", *European Management Journal*, Vol. 23, No. 2, 2005.

[195] Kondra, A. Z. and C. R. Hinings, "Organizational Diversity and Change

in Institution Theory", *Organization Studies*, Vol. 19, No. 5, 1998.

[196] Kostova, T. and S. Zaheer, "Organizational Legitimacy under Conditions of Complexity: The Case of the Multinational Enterprise", *Academy of Management Review*, Vol. 24, No. 1, 1999.

[197] Kraft, K. L. and J. Hage, "Strategy, Social Responsibility and Implementation", *Journal of Business Ethics*, Vol. 9, No. 1, 1990.

[198] Kumar, N., L. Scheer and J. - B. E. M. Steenkamp. "Powerful Suppliers, Vulnerable Resellers, and the Effects of Supplier Fairness: A Cross – National Study", ISBM Report, University Park, 1993.

[199] Lau, Chung – ming, K. Tse David and Nan Zhou. "Institutional Forces and Organizational Culture in China: Effects on Change Schemas, Firm Commitment and Job Satisfaction", *Journal of International Business Studies*, Vol. 33, No. 3, 2002.

[200] Liang, H., N. Saraf, Q. Hu and Y. Xue. "Assimilation of Enterprise Systems: The Effect of Institutional Pressures and the Mediating Role of Top Management", *MIS Quarterly*, Vol. 31, No. 1, 2007.

[201] Lissitz, R. W. & S. B. Green, "Effect of the Number of Scale Points on Reliability: A Monte Carlo Approach", *Journal of Applied Psychology*, Vol. 60, No. 1, 1975.

[202] Lo, C. W. H., C. P. Egri and D. A. Ralston, "Commitment to Corporate, Social, and Environmental Responsibilities: An Insight into Contrasting Perspectives in China and the Us", *Organization Management Journal*, Vol. 5, No. 2, 2008.

[203] Lounsbury, M. and Mary Ann Glynn, "Cultural Entrepreneurship: Stories, Legitimacy, and the Acquisition of Resources", *Strategic Management Journal*, Vol. 22, No. 6 – 7, 2001.

[204] Lu, X., "A Chinese Perspective: Business Ethics in China Now and in the Future", *Journal of Business Ethics*, Vol. 86, No. 4, 2009.

[205] Luo, X. and C. B. Bhattacharya, "Corporate Social Responsibility, Customer Satisfaction, and Market Value", *Journal of Marketing*, Vol. 70, No. 4, 2006.

[206] Ma, Dali and W. L. Parish, "Tocquevillian Moments: Charitable Con-

tributions by Chinese Private Entrepreneurs", *Social Forces*, Vol. 85, No. 2, 2006.

[207] Mackey Alison & David A. Whetten, "Explaining Consistency in Corporate Social Performance from an Organizational Identity Perspective", *Academy of Management Proceedings*, No. 16805, 2009

[208] Maignan, I. and D. A. Ralston, "Corporate Social Responsibility in Europe and the U. S. : Insights from Businesses' Self – Presentations", *Journal of International Business Studies*, Vol. 33, No. 3, 2002.

[209] Maignan, I. and O. C. Ferrell, "Antecedents and Benefits of Corporate Citizenship: an Investigation of French Businesses", *Journal of Business Research*, Vol. 51, No. 1, 2001.

[210] Manne, H. and H. C. Wallich, *The Modern Corporation and Social Responsibility*, American Enterprise Institute for Public Policy Research, 1972.

[211] Marcoulides, G. A. & R. E. Schumacker. *Advanced Structural Equation Modeling: Issues and Techniques*, Erlbaum, 1996.

[212] Margolis, J. D. and J. W. Walsh. *People and Profits? The Search for a Link between a Firm's Social and Financial Performance*, Lawrence Erlbaum Publishers, 2001.

[213] Margolis, J. D. and J. P. Walsh, "Misery Loves Companies: Rethinking Social Initiatives by Business", *Administrative Science Quarterly*, Vol. 48, No. 2, 2003.

[214] Marom, I. Y., "Toward a Unified Theory of the CSP – CFP Link", *Journal of Business Ethics*, Vol. 67, No. 2, 2006.

[215] Marquez, Antonio and Charles J. Fombrun, "Measuring Corporate Social Responsibility", *Corporate Reputation Review*, Vol. 7, No. 4, 2005.

[216] Marquis, C., M. A. Glynn and G. F. Davis, "Community Isomorphism and Corporate Social Action", *Academy of Management Review*, Vol. 32, No. 3, 2007.

[217] Matten, D. and J. Moon, "Implicit and Explicit CSR: A Conceptual Framework For A Comparative Understanding of Corporate Social Responsibility", *Academy of Management Review*, Vol. 33, No. 2, 2008.

[218] McGuire, J. W. , *Business and Society*, McGraw – Hill, 1963.

[219] McGuire, "Corporate Social Responsibility and Firm Financial Performance", *Academy of Management Journal*, Vol. 31, No. 4, 1988.

[220] McWilliams, A. and D. Siegel, "Corporate Social Responsibility: A Theory of the Firm Perspective", *Academy of Management Review*, Vol. 26, No. 1, 2001.

[221] McWilliams, Abagail and Donald Siegel, "Corporate Social Responsibility and Financial Performance: Correlation or Misspecification", *Strategic Management Journal*, Vol. 21, No. 5, 2000.

[222] McWilliams, A. , D. S. Siegel, et al. , "Corporate Social Responsibility: Strategic Implications", *Journal of Management Studies*, Vol. 43, No. 1, 2006.

[223] Morsing, M. and M. Schultz, "Corporate Social Responsibility Communication: Stakeholder Information, Response and Involvement Strategies", *Business Ethics: A European Review*, Vol. 15, No. 4, 2006.

[224] Meyer, J. , Rowan, B. , "Institutionalized Organizations: Formal Structure as Myth and Ceremony", *American Journal of Sociology*, Vol. 83, No. 2, 1977.

[225] Meyer, K. E. , Estrin, S. Bhaumik, S. & Peng, M. W. , "Institutions, resources, and entry strategies in emerging economies", *Strategic Management Journal*, Vol. 30, No. 1, 2009.

[226] Meyer, K. E. and M. W. Peng, "Probing Theoretically into Central and Eastern Europe: Transactions, Resources, and Institutions", *Journal of International Business Studies*, Vol. 36, No. 6, 2005.

[227] Meznar, M. , J. J. Chrisman and AB. Carrd, "Social Responsibility and Strategic Management: Toward an Enterprise Strategy Classification", *Academy of Management Best Papers Proceedings*, No. 1, 1990.

[228] Miller, J. I. and D. Guthrie, "Corporate Social Responsibility: Institutional Response to Labor, Legal and Shareholder Environments", *Academy of Management Proceedings*, No. 1, 2007.

[229] Milstein, M. , Hart, S. & York, A. , "Coercion Breeds Variation: The Differential Impact of Isomorphic Pressures on Environmental Strate-

gies", Hoffman, A. *Organizations, Policy and the Natural Environment: Institutional and Strategic Perspectives*, Stanford University Press, 2002.

[230] Mirvis, P. and B. Googins, "Stages of Corporate Citizenship", California *Management Review*, Vol. 48, No. 2, 2006.

[231] Mirvis, P. H., "Transformation at Shell: Commerce and citizenship", *Business and Society Review*, Vol. 105, No. 1, 2000.

[232] Mitchell, R. K et al., "Toward a Theory of Stakeholder Identification and Salience: Defining the Principle of Who and What Really Counts", *The Academy of Management Review*, Vol. 22, No. 4, 1997.

[233] Munir, A. Kamal, "Being Different: How Normative and Cognitive Aspects of Institutional Environments Influence Technology Transfer", *Human Relations*, Vol. 55, No. 12, 2002.

[234] Kshetri N, "Institutional Factors Affecting Offshore Business Process and Information Technology Outsourcing", *Journal of International Management*, Vol. 13, No. 1, 2007.

[235] North, D. C. *Institutions, Institutional Change, and Economic Performance*, Harvard University Press, 1990.

[236] Noshua, W., "Not Just Compliance or Resistance: Performance Feedback and Strategic Responses to Institutional Pressure", *Academy of Management Proceedings*, No. 16774, 2009.

[237] Nunnally, J. C. *Psychometric Theor*, McGraw – Hill, 1967.

[238] Oliver, Christine, "Strategic Responses to Institutional Processes", *The Academy of Management Review*, Vol. 16, No. 1, 1991.

[239] Orlitzky, M, F. L. Schmidt and S. L. Rynes, "Corporate Social and Financial Performance a Meta – Analysis", *Organization Studies*, Vol. 24, No. 3, 2003.

[240] Pan, Shan Ling et al., "A Dual – Level Analysis of the Capability Development Process: A Case Study of TT&T", *Journal of the American Society for Information Science and Technology*, Vol. 57, No. 13, 2006.

[241] Patten, D. M., "The Market Reaction to Social Responsibility Disclosures: The Case of the Sullivan Principles Signings", *Accounting, Or-*

ganizations and Society, Vol. 15, No. 6, 1990.

[242] Pava, M. L. and J. Krausz, "The Association between Corporate Social – Responsibility and Financial Performance: The Paradox of Social Cost", *Journal of Business Ethic*, Vol. 15, No. 3, 1996.

[243] Peng, M. W. and P. Heath, "The Growth of the Firm in Planned Economies in Transition: Institutions, Organizations, and Strategic Choices", *Academy of Management Review*, Vol. 21, No. 2, 1996.

[244] Peng, M. W. and A. Delios, "What Determines the Scope of the Firm Over Time and Around the World? An Asia Pacific Perspective", *Asia Pacific Journal of Management*, Vol. 23, No. 4, 2006.

[245] Peng, M. W., "Towards an Institution – Based View of Business Strategy", *Asia Pacific Journal of Management*, Vol. 19, No. 2 – 3, 2002.

[246] Peng, M. W., "Institutional Transitions and Strategic Choices", *Academy of Management Review*, Vol. 28, No. 2, 2003.

[247] Peng, M. W. and T. A. Khoury, "Unbundling the Institution – Based View of International Business Strategy", Rugman, A. *Oxford Handbook of International Business*, Oxford University Press, 2008.

[248] Peng, M. W., D. Wang, and Y. Jiang, "An institution – based view of international business strategy: A focus on emerging economies", *Journal of International Business Studies*, Vol. 39, No. 5, 2008.

[249] Peng et al., "The Institution – Based View as a Third Leg for a Strategy Tripod", *Academy of Management Perspectives*, Vol. 23, No. 3, 2009.

[250] Peng, M. W., "The Global Strategy of Emerging Multinationals from China", *Global Strategy Journal*, Vol. 2, No. 2, 2012.

[251] Perrini, F. and A. Russo, et al., "CSR Strategies of SMEs and Large Firms Evidence from Italy", *Journal of Business Ethics*, Vol. 74, No. 3, 2007.

[252] Podsakoff, P. M, S. B. MacKenzie, J – Y Lee and N. P. Podsakoff, "Common Method Biases in Behavioral Research: A Critical Review of the Literature and Recommended Remedies", *Journal of Applied Psychology*, Vol. 88, No. 5, 2003.

[253] Porter, M. E. and M. R. Kramer, "The Link between Competitive Ad-

vantage and Corporate Social Responsibility", *Harvard Business Review*, Vol. 84, No. 12, 2006.

[254] Porter, M. E. and C. Van Der Linde, "Green and Competitive: Ending the Stalemate", *Harvard Business Review*, Vol. 73, No. 5, 1995.

[255] Posner, B. and W. Schmidt, "Values and the American Manager: An Update Updated", *California Management Review*, Vol. 25, No. 2, 1992.

[256] Pfeffer, J. and G. R. Salancik, *The External Control of Organizations*. Harper & Row, 1987.

[257] Preston, Lee E and Douglas P. O Bannon, "The Corporate Social-Financial Performance Relationship", *Business and Society*, Vol. 36, No. 4, 1997.

[258] Qian, Wei and Roger Burritt, "The Development of Environment Management Accounting: An Institutional View", Schaltegger, S., *Environmental Management Accounting, Eco-Efficiency in Industry and Science*, 2008.

[259] Qu, R., "Effects of Government Regulations, Market Orientation and Ownership Structure on Corporate Social Responsibility in China: An Empirical Study", *International Journal of Management*, Vol. 24, No. 3, 2007.

[260] Reynolds, P. D., "Organizational Culture as Related to Industry, Position and Performance: A Preliminary Report", *Journal of Management Study*, Vol. 23, No. 3, 1986.

[261] Ritter, T., "The Networking Company: Antecedents for Coping with Relationships and Networks Effectively", *Industrial Marketing Management*, Vol. 28, No. 5, 1999.

[262] Rivera, Jorge and Peter de Leon, "Is Greener Whiter? Voluntary Environmental Performance of Western Ski Areas", *The Policy Studies Journal*, Vol. 32, No. 3, 2004.

[263] Roberts, R. W., "Determinants of Corporate Social Responsibility Disclosure: An Application of Stakeholder Theory", *Accounting, Organization and Society*, Vol. 17, No. 6, 1992.

[264] Rodrigues, M. C. B. L., "Corporate Social Responsibility and Resource-

Based Perspectives", *Journal of Business Ethics*, Vol. 69, No. 2, 2006.

[265] Roman, R. M., S. Hayibor and B. R. Agle., "The Relationship Between Social and Financial Performance", *Business & Society*, Vol. 38, No. 109, 1999.

[266] Rowley, T. I. and M. Moldoveanu, "When Will Stakeholder Groups Act? An Interest – and Identity – based Model of Stakeholder Group Mobilization", *Academy of Management Review*, Vol. 28, No. 2, 2003.

[267] Ruf, Bernadette, K. Muralidhar and Paul. Karen, "Eight Dimensions of Corporate Social Performance: Determination of Relative Importance Using the Analytic Hierarchy Process", *Academy of Management Proceedings*, 1993.

[268] Rupp, W. T., *Toward a Process Model of Corporate Social Performance in Response to Natural Disasters: An Analysis of Corporate America's Response to Hurricane Andrew*, University of Georgia, 1994.

[269] Salzman et al., "The Business Case for Corporate Sustainability: Literature Review and Research Options", *European Management Journal*, Vol. 23, No. 1, 2005.

[270] Schneider, A., "US Neo – Conservatism: Cohort and Cross – Cultural Perspective", *The International Journal of Sociology and Social Policy*, Vol. 19, No. 12, 1999.

[271] Schwab, D. P., "Construct Validity in Organization Behavior", Staw, B. M. & L. L., Cummings. *Research in Organizational Behavior*, Jai Press, 1980.

[272] Scott, W. Richard, *Institutions and Organizations*, Sage Publication, 2001.

[273] Scott, W. R., *Institutions and organizations*, Sage, 1995.

[274] Scott, W. R., *Organizations: Rational, Natural, and Open Systems*, Prentice – Hall, 1987.

[275] Scott, W. R. "Reflections on a Half – Century of Organizational Sociology", *Annual Review of Sociology*, 2004, 30 (1): 1 – 21.

[276] Sethi, S. P., *Setting Global Standards: Guidelines for Creating Codes of Conduct in Multinational Corporation*, John Wiley & Sons, 2003.

[277] Sharfman, M., "The Construct Validity of the Kinder, Lydenberg & Domini Social Performance Ratings Data", *Journal of Business Ethics*, Vol. 15, No. 3, 1996.

[278] Sheikh, S., *Corporate Social Responsibilities, Law and Practice*, Cavendish Publishing Limited, 1996.

[279] Siah Hwee Ang, "Institutional Explanations of Cross – border Alliance Modes: The Case of Emerging Economies Firms", *Management International Review*, Vol. 48, No. 5, 2008.

[280] Siggelkow, N., "Persuasion with Case Studies", *Academy of Management Journal*, Vol. 50, No. 1, 2007.

[281] Silverman, David., *The Theory of Organizations: A Sociological Framework*, Basic Books, 1971.

[282] Singh, J. V., D. J. Tucker and R. J. House, "Organizational Legitimacy and the Liability of Newness", *Administrative Science Quarterly*, Vol. 31, No. 2, 1986.

[283] Smith, R. Rutherford, "Social Responsibility: A Term We Can Do Without", *Business and Society*, 1974.

[284] Smith, N. C., "Corporate Social Responsibility: Whether or How", *California Management Review*, Vol. 45, No. 4, 2003.

[285] Sonpar, K., J. M. Handleruan and A. Dastmalchian. "Implementing New Institutional Logics in Pioneering Organizations: The Burden of Justifying Ethical Appropriateness and Trustworthiness", *Journal of Business Ethics*, Published online: 14 March 2009.

[286] Spar, D. L. and L. T. La Mure. "The Power of Activism: Assessing the Impact of NGOs on Global Business", *California Management Review*, Vol. 45, No. 3, 2003.

[287] Srinivasan, Raji and Gary L. Lilien, "Technological Opportunism and Radical Technology Adoption: An Application to E – Business", *Journal of Marketing*, Vol. 66, No. 3, 2002.

[288] Stanwick, P. A. and S. D. Stanwick. "The Relationship between Corporate Social Performance, and Organizational Size, Financial Performance, and Environmental Performance: An Empirical Examination",

Journal of Business Ethics, Vol. 17, No. 2, 1998.
[289] Starbuck, W. H. "Organizations and Their Environments", Dunnette M. D., Handbook *of Industrial and Organizational Psychology*, 1976.
[290] Steiner, G. A., *Business and Society*. Random House, 1971.
[291] Stets, J. E. and P. J. Burke., "Identity Theory and Social Identity Theory", *Social Psychology Quarterly*, Vol. 63, No. 3, 2000.
[292] Strand, Rich, "A Systems Paradigm of Organizational Adaptations to the Social Environment", *The Academy of Management Review*, Vol. 8, No. 1, 1983.
[293] Subroto, P. H., *A Correlation Study of Corporate Social Responsibility and Financial Performance: An Empirical Survey toward Ethical Business Practices in Indonesia*, Capella University, 2003.
[294] Suchman, M. C., "Managing Legitimacy: Strategic and Institutional Approaches", *The Academy of Management Review*, Vol. 20, No. 3, 1995.
[295] Swanson, D. L. "Addressing a Theoretical Problem by Reorienting the Corporate Social Performance Model", *The Academy of Management Review*, Vol. 20, No. 1, 1995.
[296] Tan, J. "Multinational Corporations and Social Responsibility in Emerging Markets: Opportunities and Challenges for Research and Practice", *Journal of Business Ethics*. Published online: 29 September 2009.
[297] Teo, H. H., K. K. Wei, et al., "Predicting Intention to Adopt Inter Organizational Linkages: An Institutional Perspective", *MIS Quarterly*, Vol. 27, No. 1, 2003.
[298] Teoh, Hong Siew, Welch Ivo, and C. Paul Wazzan, "The Effect of Socially Activist Investment Policies on the Financial Markets: Evidence from the South African Boycott", *Journal of Business*, Vol, 72, No. 1, 1999.
[299] Terlaak, A., "Order without Law? The Role of Certified Management Standards in Shaping Socially Desired Firm Behaviors", *Academy of Management Review*, Vol. 32, No. 3, 2007.
[300] Tharenou, Phyllis, Ross Donohue, Brian Cooper, *Management Re-*

search Methods*, Cambridge University, 2007.

[301] Tolbert, P. S. and L. G. Zucker. "Institutional Sources of Change in the Formal Structure of Organizations: The Diffusion of Civil Service Reform, 1880 – 1935", *American Society for Quality*, Vol. 28, No. 1, 1983.

[302] Tornikoski, E. T. and S. L. Newbert, "Exploring the Determinants of Organizational Emergence: A Legitimacy Perspective", *Journal of Business Venturing*, Vol. 22, No. 2, 2007.

[303] Turban, D. B. and D. W. Greening, "Corporate Social Performance and Organizational Attractiveness to Prospective Employees", *Academy of Management Journal*, Vol. 40, No. 3, 1996.

[304] Useem, M., "Market and Institutional Factors in Corporate Contributions", *California Management Review*, Vol. 30, No. 2, 1988.

[305] Vance, S. C., "Are Socially Responsible Corporations' Good Investment Risks", *Academy of Management Review*, Vol. 64, No. 8, 1975.

[306] Waddock, S. A. and S. B. Graves, "The Corporate Social Performance – Financial Performance Link", *Strategic Management Journal*, Vol. 18, No. 4, 1997.

[307] Wang, L. and H. Juslin, "The Impact of Chinese Culture on Corporate Social Responsibility: The Harmony Approach", *Journal of Business Ethics*. Published online: December 24 2009.

[308] Wartick, S. L. and P. L. Cochran, "The Evolution of the Corporate Social Performance Model", *Academic of Management Review*, Vol. 10, No. 4, 1985.

[309] Weaver, G. R., L. K. Trevino, et al., "Corporate Ethics Programs as Control Systems: Managerial and Institutional Influences", *Academy of Management Journal*, Vol. 42, No. 1, 1999a.

[310] Weaver, G. R., L. K. Trevino, et al., "Integrated and Decoupled Corporate Social Performance: Management Commitments, External Pressures, and Corporate Ethics Practices", *Academy of Management Journal* Vol. 42, No. 5, 1999b.

[311] Werther, Jr. William B. and David Chandler, *Strategic Corporate Social Responsibility*, Sage Publication, 2006.

[312] Westphal, J. D, R. Gulati, S. M. Shortell, "Customization or Conformity? An Institutional and Network Perspective on the Content and Consequences of TQM Adoption", *Administrative Science Quarterly*, No. 42, 1997.

[313] Wood, D. J., "Corporate Social Performance Revisited", *The Academy of Management Review*, Vol. 16, No. 4, 1991.

[314] Wright, P. and S. Ferris, "Agency conflict and corporate strategy: The Effect of Divestment on Corporate Value", *Strategic Management Journal*, Vol. 18, No. 11, 1997.

[315] Wu, Fang, Vijay Mahajan, Sridhar Balasubraanian, "An Analysis of E-business Adoption and Its Impact on Business Performance", *Academy of Marketing Science. Journal*, Vol. 31, No. 4, 2003.

[316] Yan, A. And B. Gray, "Bargaining Power, Management Control, And Performance in United States-China Joint Ventures: a Comparative Case Study", *Academy of Management Journal*, Vol. 37, No. 6, 1994.

[317] Yiu, D. & S. Makino, "The Choice between Joint Venture and Wholly Owned Subsidiary: An Institutional Perspective", *Organization Science*, No. 13, 2002.

[318] Yin, Robert K., *Case Study Research: Design and Methods*, Sage Publication, 2003.

[319] Yin, Robert K., *Application of Case Study Research*, Sage Publication, 2003.

[320] Yiu, Daphne and Shige Makino Source, "The Choice between Joint Venture and Wholly Owned Subsidiary: An Institutional Perspective", *Organization Science*, Vol. 13, No. 6, 2002.

[321] Young, I. M., "From Guilt to Solidarity: Sweatshops and Political Responsibility", *Dissent*, Vol. 50, No. 2, 2003.

[322] Zadek, Simon, "The Path to Corporate Responsibility", *Harvard Business Review*, Vol. 82, No. 12, 2004.

[323] Zimmerman, M. A. and G. J. Zeitz., "Beyond Survival: Achieving New Venture Growth by Building Legitimacy", *Academy of Management Review*, Vol. 27, No. 33, 2002.

[324] Zucker, L. G., "The Role of Institutionalization in Cultural Persistence", American *Sociology Review*, Vol. 42, No. 5, 1977.

[325] Zucker, L. G., "Institutional Theories of Organization", *Annual Review of Sociology*, Vol. 13, No. 19, 1987.

[326] Zyglidopoulos *et al.*, "The Evolution of Corporate Social Performance and the Role of Media Visibility", *Academy of Management Proceedings*, No. 14690, 2009.

[327] Zyglidopoulos, Stelios C. "The Social and Environmental Responsibilities of Multinationals: Evidence from the Brent Spar Case", *Journal of Business Ethics*, Vol. 36, No. 1, 2002.

附录一

探索式案例研究企业访谈提纲

一、请介绍一下贵公司企业社会战略反映的情况（即公司为了履行企业社会责任实际做了哪些工作）。

1. 企业如何收集、了解、预测社会或者利益相关者的需求的？
2. 社会责任管理在公司整体经营中的关系，公司的社会定位如何？
3. 社会责任对公司经营有什么影响，公司有何认识？公司如何披露 CSR？
4. 公司的什么部门参与社会责任的管理，其职责是什么？
5. 公司近年来投入 CSR 的财力物力人力和时间如何？
6. 公司有没有对 CSR 的参与人员或管理人员进行某种程度的训练？
7. 公司员工对 CSR 的态度如何，如果他们参与到 CSR 中有没有什么精神物质奖励？
8. 员工是否提出过有关 CSR 的建议，公司是如何处理的？
9. 公司是如何激励员工参与 CSR 的，如何告诉员工公司的 CSR 行动的？
10. 公司是否会对各利益相关者进行 CSR 状况的评估和信息收集工作？
11. 公司领导对 CSR 的参与度如何？
12. 公司是否请外部咨询机构评估过本公司的 CSR？

二、请介绍一下贵公司履行企业社会责任的驱动性因素（即公司开展 CSR 行动的缘起性影响因素有哪些）。

13. 是否认为企业外部的制度环境给公司带来了较大的压力，如果有，这些压力主要来自哪些方面，它的表现形式是什么（例如非营利组织、公众和消费者期望、本地社区和本地网络、同行业模仿、机构投资者、政府政策、媒体参与、本公司危机管理的历史等因素是否对本公司的企业社会责任参与有影响,如果有企业具体感知到的压力表现是什么)?

14. 公司感受的制度压力近年来有没有显著变化?

附录二

企业社会责任建设和企业外部制度环境调查问卷

> 尊敬的女士/先生：
>
> 非常感谢您的支持和参与！本调查数据仅用于学术研究，问题答案更没有对错之分，请您根据所在企业的实际情况作答！因为问卷填写不完整会使您的问卷失去研究价值，所以请勿遗漏任何一项！

第一部分：公司与个人基本情况

1. 您所在企业成立至今已经有_____

   A. 少于3年　　　　B. 4—7年　　　　C. 8—15年

   D. 16年以上

2. 您所在企业的员工人数为_____

   A. 不足100　　B. 101—500　　C. 501—1000

   D. 1001—1500　　E. 1500人以上

3. 您所在企业的所有制属性为_____（按绝对或相对控股方统计）

   A. 国有　　B. 集体　　C. 外资　　D. 民营　　E. 其他

4. 企业所处产业主要为_____

   A. 制造　B. 商贸　C. 服务　D. 金融　E 房地产　F 其他

5. 您已经在该公司工作了_____

   A. 3年以下　　B. 4—6年　　C. 7—10年　　D. 10年以上

6. 您的性别为_____（A. 男性 B. 女性）；您的管理职级为
_____

A. 一般员工　　B. 基层管理者　　C. 中层管理者

D. 高层管理者

7. 您的教育程度为_____

A. 高中或中专　　B. 大专　　C. 本科　　D. 研究生及以上

8. 您所在企业的总部位于_____省（自治区、直辖市）_____市（县）

9. 您所在企业是否为上市公司（或其下属子公司）_____（"1"代表是，"0"代表否）

10. 您所在公司的股权结构中境外投资者所占比例大约为_____。（请以百分数表示，如股权结构中无境外投资者，则填0）

第二部分：企业社会战略情况

（请您根据本公司社会责任内部建设情况，对下列陈述做出判断，并选择合适的数字）

1	2	3	4	5
非常不符合	基本不符合	不能肯定	基本符合	非常符合

B11	社会责任管理已被整合到公司整体运营计划中。	1	2	3	4	5
B12	公司在制定战略规划时考虑社会问题对公司业务的影响。	1	2	3	4	5
B13	公司将社会责任问题以一定的形式向社会报告。	1	2	3	4	5
B14	在具体社会责任事件中，相关部门有明确的职责。	1	2	3	4	5
B15	公司积极制订社会问题解决方案以及相关部门的职责。	1	2	3	4	5
B21	员工会因有效处理社会责任问题而得到奖励。	1	2	3	4	5
B22	公司的一线员工对企业社会责任问题也相当关注。	1	2	3	4	5
B23	公司员工对于社会责任的建议能被公司接受。	1	2	3	4	5
B31	公司会评估负责社会责任部门或个人的工作绩效。	1	2	3	4	5
B32	公司能听取各利益相关者对本公司社会责任行动的评价。	1	2	3	4	5
B33	公司定期对已经履行的社会责任进行书面总结报告。	1	2	3	4	5
B34	公司领导经常就社会责任问题在公司会议上进行讨论。	1	2	3	4	5

第三部分：企业对外部环境的感知

（请您根据本企业感知的外部宏观外境，对下列陈述做出判断，并选择合适的数字）

	1	2	3	4	5
	非常不符合	基本不符合	不能肯定	基本符合	非常符合

E11	各级政府对违反社会责任的经营行为有严厉的惩罚措施。	1	2	3	4	5
E12	政府通过举报和严格执法等措施来保障各市场主体的利益。	1	2	3	4	5
E13	各级政府通过各种形式宣传企业社会责任理念。	1	2	3	4	5
E14	国家对公众反映的违反社会责任的行为有迅速反应。	1	2	3	4	5
E21	公司从行业或职业协会等组织中了解到企业社会责任理念。	1	2	3	4	5
E22	对社会负责的经营理念备受本地公众的推崇。	1	2	3	4	5
E23	公众对企业负责任地对待利益相关者的行为非常赞赏。	1	2	3	4	5
E24	公司领导、员工接受的社会责任教育对企业有很强的影响力。	1	2	3	4	5
E31	部分业内企业因其社会责任履行较好扩大了它的知名度。	1	2	3	4	5
E32	公司密切关注同行业企业在公共关系中的策略和举措。	1	2	3	4	5
E33	企业所在的行业组织已经制定了某种企业社会责任准则。	1	2	3	4	5
E34	社会责任建设做得好的同行业在经营中的效益好。	1	2	3	4	5
E35	公司的商业伙伴近年逐渐加强了企业社会责任体系建设。	1	2	3	4	5
E36	本地或同业标杆企业的社会责任情况对本企业有深刻影响。	1	2	3	4	5

问卷所剩不多了，希望您坚持刚才的认真态度，研究者深表感谢！

第四部分：企业社会绩效

（请您根据本公司企业社会责任的履行效果，对下列陈述做出判断，并选择合适的数字）

1	2	3	4	5
非常不符合	基本不符合	不能肯定	基本符合	非常符合

C11	本公司努力降低运营成本,有更好的生产效率。	1	2	3	4	5
C12	本公司相对于同行企业取得了很好的投资回报率。	1	2	3	4	5
C13	本公司被商业伙伴或债权人认为是一个值得信赖的公司。	1	2	3	4	5
C21	本公司支持和鼓励员工获得更好的教育与培训。	1	2	3	4	5
C22	本公司避免在招聘、晋升和薪酬过程中的各种歧视现象。	1	2	3	4	5
C23	本公司拥有柔性的政策使员工处理好工作与生活关系。	1	2	3	4	5
C24	本公司的工资、福利在本地或本行业中有很强的竞争力。	1	2	3	4	5
C31	本公司拥有一系列降低能耗、循环利用资源的政策或举措。	1	2	3	4	5
C32	本公司较好地履行甚至加强了环境质量管理守则或体系。	1	2	3	4	5
C33	公司积极参与本地的自然环境治理和保护工作。	1	2	3	4	5
C34	本公司废水达标比例较高,属同行业或地区领先水平。	1	2	3	4	5
C41	本公司产品或服务的质量与安全水平属同行业领先水平。	1	2	3	4	5
C42	本公司能迅速处理客户或消费者的抱怨或投诉。	1	2	3	4	5
C43	本公司具有很强的问题产品召回意识和处理能力。	1	2	3	4	5

第五部分:企业文化导向

(请您根据本企业文化特征和导向,对下列陈述做出判断,并选择合适的数字)

1	2	3	4	5
非常不符合	基本不符合	不能肯定	基本符合	非常符合

D11	相对于其他竞争对手,本公司更希望有更好的经济绩效。	1	2	3	4	5
D12	相对于其他竞争对手,本公司更希望保持优势的形象。	1	2	3	4	5
D13	相对于其他竞争对手,本公司更希望很容易被大众注意到。	1	2	3	4	5
D14	相对于其他竞争对手,本公司更希望成为市场的核心。	1	2	3	4	5

续表

1	2	3	4	5
非常不符合	基本不符合	不能肯定	基本符合	非常符合

D21	相对于其他竞争对手，本公司更多为社会提供帮助。	1	2	3	4	5
D22	相对于其他竞争对手，本公司更能建设性地解决分歧。	1	2	3	4	5
D23	相对于其他竞争对手，本公司更积极地鼓励其他利益团体。	1	2	3	4	5
D24	相对于其他竞争对手，本公司更能为其他团体的利益思考。	1	2	3	4	5

后　　记

本书是在我博士学位论文的基础上修改完成的，在这里我特别想感谢恩师蔡宁教授给我的关心、帮助和支持。蔡老师待人真诚、谦虚平和、思维敏捷、学识渊博，既有深厚的管理学研究基础，又极富学生指导和团队管理经验，能拜在蔡老师门下，是学生一生的福气。蔡老师既给予了我研究方向和研究方法上的诸多指导，还提供了科研申报和企业实践的学习机会；既在我感到犹豫、困惑甚至痛苦的时候给予鼓励和支持，还在平时的生活、工作的诸多细节中给予热心关怀和提醒。吾师风范，学生受用终身。

与此同时，我还要感谢我所就职的杭州电子科技大学的各位领导和同事这些年来给予的支持和帮助，感谢许多企业和政府部门的朋友在调研过程中给予的诸多帮助，感谢师门内兄弟姐妹的关心和协助。当然，本书的出版，还要特别感谢浙江省社科联"之江青年"行动计划的支持和中国社会科学出版社编辑老师的帮助，感谢浙江大学公共管理学院宋程成博士对书稿提出的建设性意见。

最后，请允许我将此书献给我的父亲、母亲、岳父、岳母、妻子、女儿，他们的爱，是我科研工作的无穷动力！

沈奇泰松
2016 年 7 月于杭州